# Inhalt

# Vorwort

Symbole und ihre Deutung bilden die Grundlage für jegliches religiöse Tun des Menschen. Sie vermitteln ihm einen Zugang zum Göttlichen, lassen zeichenhaft erahnen, was es mit Gott auf sich hat. Deshalb dürfen sie in der religionspädagogischen Arbeit nicht fehlen.

Nachdem die vielfältigen Anregungen in den fünf Bänden der Reihe »Symbole des Lebens – Symbole des Glaubens« (1992–1997) große Resonanz erfahren haben, wurde der Wunsche geäußert, zu diesen Symbolen auch ganz konkrete Arbeitsblätter für den Religionsunterricht in der Grundschule bereitzustellen.

Den sieben Arbeitsheften zum Symbolkreis »Licht«, »Weg«, »Baum und Kreuz«, »Himmel und Erde«, »Haus – Stadt – Steine«, »Wüste – Wasser – Boot« und »Brot und Wein – Fest« folgt nun das achte mit dem Thema »Mensch«.

Die ersten Arbeitsblätter beschreiben unsere Sinne als Gesamtheit, der zweite Teil greift die unterschiedlichen Sinne im Einzelnen auf. Es folgen Arbeitsblätter zum Thema Familie sowie zu den wesentlichen Berufen und Typen der Bibel. Da bei dem vorliegenden Themenkreis viele Dinge auch im Rahmen der Kommunionvorbereitung sowie im Zusammenhang mit anderen Symbolen besprochen werden, sind im Kommentarteil viele Hinweise auf das Werkbuch »Kommt und Seht« zur Kommunionvorbereitung sowie auf die vorangegangenen Symbolkreishefte zu finden.

Das Arbeitsheft besteht wiederum aus den beiden Hauptteilen »Arbeitsblätter« (mit Geschichten, Rätseln, Bastel- und Ausmalvorlagen, Liedern usw.) und »Kommentar« (Gestaltungsvorschläge, Anregungen und Erläuterungen zu jedem Arbeitsblatt). Der Auswahl der biblischen Texte und der Themen wurden die Richtlinien für Katholischen Religionsunterricht an Grundschulen zugrunde gelegt. Eine Entscheidung, in welchem Schuljahr die einzelnen Arbeitsblätter eingesetzt werden, bleibt jeder Lehrerin/jedem Lehrer selbst überlassen.

Ich wünsche allen, die sich mit der Weitergabe des Glaubens in Religionsunterricht und Katechese beschäftigen, viel Mut und Durchhaltevermögen und hoffe, mit diesem Arbeitsheft (weitere sind in Vorbereitung) einen Beitrag zu einem lebendigen Religionsunterricht an der Grundschule zu leisten.

*Elsbeth Bihler*

# *A 1*

## **Unsere Sinne** (Mandala)

# A 2

## Die Geschichte von Tao

Tao, der kleine Rabe, war einmal vergnügt und glücklich. Doch eines Tages, auf seinem Weg, findet Tao ein großes, glitzerndes Goldstück. Lange betrachtet er es. Von dem Glanz wird er immer mehr geblendet, bis er nicht mehr sieht und spürt, was um ihn herum geschieht. Er merkt nicht, wie ihn ein seltsamer Zauber bei diesem Goldstück hält. Tao kann nicht mehr davon lassen, und so zieht und zerrt er es mit sich. Immer wieder schaut er sich verstohlen nach allen Seiten um, denn er möchte niemand begegnen. Was wäre, wenn ihm jemand seinen kostbaren Schatz wegnehmen wollte? Ängstlich sucht er nach einem Versteck. Doch kein Ort ist ihm sicher genug. So vergehen viele Tage und Nächte. Ruhelos schleppt der kleine Rabe seine schwere Last mit sich herum, bis er sehr, sehr müde ist und nicht mehr gehen kann. Jetzt erst merkt er voller Schrecken, dass er alle seine schönen, großen Federn verloren hat. Er hat ja nur noch auf das Goldstück geachtet. Traurig steht Tao nun da. »Kann ich dir helfen?«, hört er plötzlich eine Stimme neben sich. Es ist das Glückskäferchen. »Ich kann nicht mehr fliegen«, schluchzt Tao verzweifelt. »Komm, wir wollen sehen, wie du deine Federn wiederbekommen kannst.«

Sie kommen zur weisen Eule. Aufmerksam hört diese vom Kummer des kleinen Raben. Die weise Eule überlegt langt, dann sagt sie: »Elf Federn hast du verloren. Mit jeder dieser Federn hast du aber auch etwas verloren, das man nicht sehen kann. Wenn du herausfindest, was es ist, wirst du nach und nach neue Federn bekommen.« »Wie soll ich das nur machen?«, fragt Tao verzagt. »Wenn du eine Feder von mir hättest, konnte es dir vielleicht möglich sein«, sagt die weise Eule. »Aber für meine Feder musst du mir dein Goldstück geben. Du kannst es wiederhaben, wenn du meine Feder zurückbringst.« Sein Goldstück soll Tao hergeben? Niemals! Aber weil der kleine Rabe sich nichts sehnlicher wünscht, als wieder fliegen zu können, tauscht er dann doch sein Goldstück gegen eine Feder von der weisen Eule.

Es ist schon dunkel, aber Tao kann nicht einschlafen. Er meint immer noch, er müsse auf das Goldstück aufpassen, wie in all den anderen Nächten

zuvor. Hätte er es nicht behalten sollen? Am Himmel leuchten die Sterne. »Sie funkeln wie lauter kleine Goldstücke«, flüstert das Käferchen. »Und man braucht sie nicht zu bewachen«, murmelt Tao und schläft endlich ein. Er schläft tief und ruhig wie schon lange nicht mehr. Als er erwacht, ist ihm eine neue Feder gewachsen. Warum wohl? Tao denkt lange nach: »Ich habe meine *Ruhe* wiedergefunden, die mir verloren gegangen war.« Nach der kühlen Nacht lässt sich der kleine Rabe behaglich den Tau auf seinem Rücken von der Morgensonne trocknen. Er spürt, wie sich die klare Luft um ihn herum er-

wärmt und angenehme Wärme durch alle seine Glieder dringt. »Du hast schon wieder eine Feder bekommen«, ruft das Käferchen. »Ich weiß auch, warum«, sagt Tao, »ich kann wieder *fühlen*. Ich verstehe nun auch, was die weise Eule gemeint hat. Alle meine Sinne muss ich gebrauchen, um mich und andere froh zu machen und damit meine Federn wiederzubekommen.« Zwischen Blumen wie Sonnen fliegt das Glückskäferchen voraus. Tao aber bleibt immer wieder zurück. »Ich lausche«, sagt er. »Ich höre Töne und Stimmen, die ich lange nicht mehr gehört habe: das Zirpen der Grillen, das Plätschern der Quelle, das Gesumm der Bienen. Ich

möchte den Wind zwischen den langen Gräsern und in den Glockenblumen *hören*.« »Riechst du den Duft der Blüten?«, fragt das Käferchen. Tao schüttelt traurig den Kopf. Doch bald spielen die beiden übermütig zwischen den Blumen einer großen Wiese. Als Tao ganz tief Atem holen muss, hat er plötzlich viele angenehme Düfte in der Nase: zarte und kräftige, feine und herbe. Wo kommen sie nur alle her? Hier von den Blumen, dort vom frischen

Heu, am Bach vom Moos auf den Steinen, von der Rinde der Bäume und vom Blütenstaub, der von ihren Wipfeln kommt. Wieaufregend ist es für den kleinen Raben, dies alles zu *riechen*. Inzwischen ist Tao hungrig geworden. Früher, als er noch sein Goldstück bewachen musste, verschlang er hastig alles, was er aß. Heute nun sieht er große, leuchtend rote Kirschen an einem Zweig zur Erde herabhängen. Bedächtig pflückt er eine um die andere und genießt es, wie gut sie *schmecken*.

»Sieh doch die Schmetterlinge bei den Mohnblumen, und die Wasserperlen auf den Gräsern! Oh, wie schön ist das alles!«, ruft Tao dem Glückskäferchen zu. »Wo hatte ich bloß meine Augen? Was ist schon der Glanz eines Goldstücks gegen die prächtigen Farben ringsumher! Ich kann alles *sehen*.« Das Glückskäferchen hat längst bemerkt, dass Tao neue

Federn bekommen hat, sagt ihm aber nichts. Es soll eine Überraschung werden. Aber wie sollten sie die anderen Federn noch finden?

Bei den Fliegenpilzen machen Tao und das Glückskäferchen Rast. »Warum bist du so traurig?«, fragt das Käferchen den kleinen Fliegenpilz. »Siehst du denn nicht, dass ich die schönen, weißen Punkte auf meiner Kappe nicht mehr habe? Dieser kleine Rabe hat hier ein großes Goldstück vorbeigeschleppt. Dabei ist er so achtlos gegen mich gestoßen, dass meine weißen Tupfen alle abgefallen sind. Beinahe hätte er mich umgeknickt. Jetzt lachen mich alle aus und sagen: Ein Pilz ohne Punkte, das soll ein Fliegenpilz sein?« Tao hört dies und ist sehr betrübt. »Wie könnte ich es nur wieder gutmachen?«, fragt er ratlos. Doch das Glückskäferchen hat eine Idee und sagt zu dem kleinen Pilz: »Ich schenke dir meine schwarzen Punkte, damit bist du ein ganz besonderer Fliegenpilz.« Darüber ist der kleine Pilz sehr

glücklich. Aber noch glücklicher ist Tao. Er erlebt, wie schön es ist, *Freunde* zu haben und selbst Freund zu sein. Der kleine Rabe macht vor Freude einen Luftsprung. Dabei berührt er einen blühenden Strauch. Goldfarbener Blütenstaub schwebt herunter und wird vom Wind fort getragen. Dort, wo das Käferchen früher schwarze Punkte hatte, schimmert es nun golden.

Das Glückskäferchen möchte gern seinen neuen Schmuck genauer betrachten. Es fliegt an dem über die Steine plätschernden Bächlein entlang, bis es eine Stelle findet, wo das Wasser ruhig und glatt ist. Hier kann man sich spiegeln. Das Käferchen ist entrückt und dreht und wendet sich, bis es, o weh, kopfüber ins Wasser fällt. Es zappelt ängstlich mit den Beinen. Doch statt sich zu befreien, treibt es

dem nächsten Strudel zu. Tao erschrickt. Er flattert herbei, so rasch es eben geht, und kann seinen kleinen Freund gerade noch aus dem Wasser holen. »Ich bin dir sehr dankbar«, sagt das Käferchen, »und sieh nur, du hast eine neue Feder bekommen!

Sicher dafür, dass du *helfen* konntest.« Nun spiegelt sich auch Tao und sieht jetzt erst, wie viele Federn er schon wieder hat.

Unter blühenden Apfelbäumen erholen sich Tao und das Käferchen von ihrem Schrecken. Ganz still beobachten sie, wie drei junge Eulen friedlich auf einem Zweig schlafen. Aber was bewegt sich dort? Ein Fuchs schleicht sich an die Kleinen heran. Laut summend und krächzend stürzen die zwei auf den Fuchs los. Das Käferchen schwirrt ihm um den Kopf

herum, und Tao zupft ihn *mutig* von hinten am Fell. Die kleinen Eulen werden wach und fliegen weg. Der Fuchs muss sich eine andere Beute suchen.

Weit spannt sich der Regenbogen über das Land. Still bewundern ihn die beiden Freunde. Endlich sagt Tao: »Ich fühle etwas stark und tief in mir.« »Ist es Glück?«, fragt das Käferchen. »Ja, aber es ist mehr. Ich möchte, dass auch andere glücklich sind.« »Es ist Liebe«, jubelt das Glückskäferchen, »ja, es muss

*Liebe* sein, denn sieh nur, die letzte Feder, die du bekommen hast, ist die größte und schönste.« Froh und leicht schwingen sich beide in die Luft, und Tao kann wieder fliegen, so hoch und weit er will. Ein schöner, warmer Sommer ist vorüber. Die Tage werden kürzer, und Tao denkt viel über seine Erlebnisse nach. Er erinnert sich an die weise Eule und bringt ihr dankbar ihre kleine Feder zurück. Er bekommt auch sein Goldstück wieder. Es glänzt noch genauso wie früher. Doch Tao lässt sich nicht mehr davon blenden. Was wird Tao wohl mit dem Goldstück machen?

*Else Schwenk-Anger*

Schreibe das, was Tao wiederfindet, in die leeren Kästchen!

# A 3

**Tao** (Bastelvorlage)

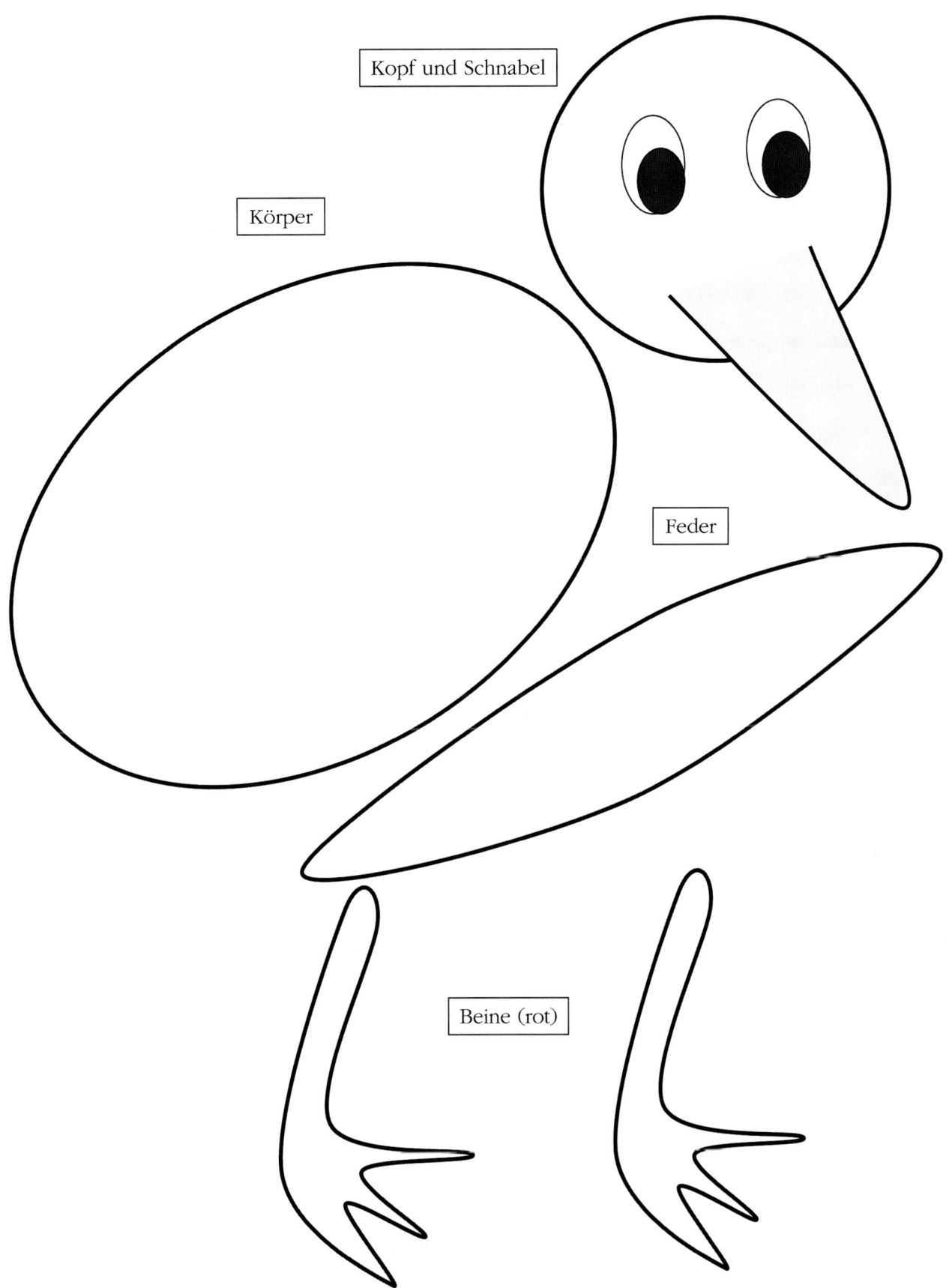

Kopf und Schnabel

Körper

Feder

Beine (rot)

# A 4

## Gott kennt mich

Herr, du hast mich erforscht und du kennst mich.
Ob ich sitze oder stehe, du weißt von mir.
Von fern erkennst du meine Gedanken.
Ob ich gehe oder ruhe, es ist dir bekannt;
du bist vertraut mit all meinen Wegen.
Du umschließt mich von allen Seiten
und legst deine Hand auf mich.
Zu wunderbar ist für mich dieses Wissen,
zu hoch, ich kann es nicht begreifen.
Denn du hast mein Inneres geschaffen,
mich gewoben im Schoß meiner Mutter.
Ich danke dir, dass du mich
so wunderbar gestaltet hast.
Ich weiß: Staunenswert sind deine Werke.
Wie schwierig sind für mich, o Gott,
deine Gedanken,
wie gewaltig ist ihre Zahl!
Wollte ich sie zählen,
es wären mehr als der Sand.
Käme ich bis zum Ende,
wäre ich noch immer bei dir.
Erforsche mich, Gott, und erkenne mein Herz,
prüfe mich, und erkenne mein Denken!
Sieh her, ob ich auf dem Weg bin,
der dich kränkt, und leite mich
auf dem altbewährten Weg!

*Aus Psalm 139*

### Ich freue mich und springe

*Refrain:* Ich freu-e mich und sprin-ge und sin-ge: Gott sei Dank! Ich freu-e mich und sprin-ge und sing den Tag ent-lang!

1. Ich ha-be Hän-de, ich bin ge-sund,
   kann sie ge-brau-chen zu vie-ler-lei,
   kann da-mit spie-len so man-che Stund',
   nach al-lem grei-fen, was es auch sei!

2. Ich habe Füße, ich bin gesund,
   die mir gehorchen zu jeder Stund,
   und die mich tragen, wohin ich mag,
   ich lauf und springe den langen Tag.

3. Ich denk an andre, die krank, in Not.
   Wie kann ich helfen? Zeig's, lieber Gott,
   lenk Hand und Füße, lenk Herz und Sinn,
   dass ich den andern ein Helfer bin.

*T und M: Wolfgang Longardt*

Schreibe in den Innenkreis deinen Namen und male die Außenkreise in den Farben des Regenbogens aus!

# A 5

## Was ich gut kann

### Ich denke nach

Oft erzählt Mutter von früher.
Sie erzählt, was ich alles angestellt habe,
als ich noch ganz klein war.
Sie erzählt, wie sie mich bekommen hat,
wie ich laufen gelernt habe
und was für Fragen ich gestellt habe.
Da müssen wir immer lachen.
Jetzt bin ich schon größer.
Ich kann schon lesen, schreiben und rechnen.
Vater sagt: Das ist wichtig für das spätere Leben.
Ob er Recht hat?
Eigentlich würde ich viel lieber spielen
als Hausaufgaben machen
und an das »spätere Leben« denken.
Aber manchmal denke ich doch daran.
Wie wird es sein?
Was soll ich werden?
Pilot wäre ganz schön! Oder Rennfahrer!
Auf jeden Fall möchte ich groß werden.
Und froh.
Wäre ich doch schon groß!
Doch manchmal habe ich auch etwas Angst.
Warum nur?

*Günther Weber*

### Der Apostel Paulus schreibt
### im Brief an die Römer:

Wir haben unterschiedliche Gaben,
je nach dem, was Gott uns
in seiner Gnade gegeben hat.
Wenn einer vorausschauend,
prophetisch reden kann,
dann nutze er diese Begabung,
um den Willen Gottes zu verkünden.
Hat einer die Gabe des Dienens, dann diene er.
Wer zum Lehren berufen ist, der lehre;
wer zum Trösten und Ermahnen berufen ist,
der tröste und ermahne.

*Römer 12,6–8*

### Der Blinde und der Lahme

Ein Blinder und ein Lahmer wurden von einem Waldbrand überrascht. Die beiden gerieten in Angst. Der Blinde floh gerade aufs Feuer zu. Der Lahme rief: »Flieh nicht dorthin!« Der Blinde fragte: »Wohin soll ich mich wenden?« Der Lahme: »Ich könnte dir den Weg vorwärts zeigen, so weit du wolltest; da ich aber lahm bin, so nimm mich auf deine Schultern, damit ich dir angebe, wo du den Schlangen, Dornen, dem Feuer und anderen Gefahren aus dem Weg gehen kannst, und damit ich dich glücklich in die Stadt weisen kann.« Der Blinde richtete sich nach des Lahmen Worten, und so gelangten die beiden wohlbehalten in die Stadt.

*Indisches Märchen*

Schneide nach der Vorlage kleine Tonpapiermännchen aus und schreibe darauf, was du gut kannst!

# A 6

## Gott hat uns Talente anvertraut

Jesus sagte zu seinen Freunden: Mit euren Fähigkeiten und Talenten, die ihr für das Reich Gottes einsetzen sollt, ist es so ähnlich wie mit einem Mann, der auf Reisen ging und seinen Dienern seinen Besitz, Talente in Geld, anvertraute.

Er rief seine Diener und gab dem einen fünf Talente Silbergeld, einem anderen zwei, wieder einem anderen eines, jedem nach seinen Fähigkeiten. Dann reiste er ab. Sofort begann der Diener, der fünf Talente erhalten hatte, mit ihnen zu wirtschaften, und er gewann noch fünf dazu. Ebenso gewann der, der zwei erhalten hatte, noch zwei dazu. Der aber, der das eine Talent erhalten hatte, ging und grub ein Loch in die Erde und versteckte das Geld seines Herrn.

Nach langer Zeit kehrte der Herr zurück, um von den Dienern Rechenschaft zu verlangen.

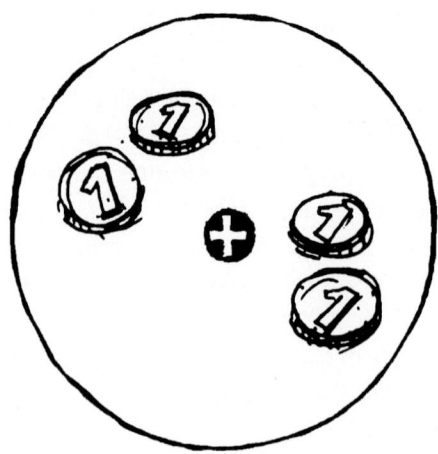

Zuletzt kam auch der Diener, der das eine Talent erhalten hatte, und sagte: »Herr, ich wusste, dass du ein strenger Mann bist; du erntest, wo du nicht gesät hast, und sammelst, wo du nicht ausgestreut hast. Weil ich Angst hatte, habe ich dein Geld in der Erde versteckt. Hier hast du es wieder.«

Da kam der, der die fünf Talente erhalten hatte, brachte fünf weitere und sagte: »Herr, fünf Talente hast du mir gegeben; sieh her, ich habe noch fünf dazu gewonnen.« Sein Herr sagte zu ihm: »Sehr gut, du bist ein tüchtiger und treuer Diener. Du bist im Kleinen ein treuer Verwalter gewesen, ich will dir eine große Aufgabe übertragen. Komm, nimm teil an der Freude deines Herrn!«

Dann kam der Diener, der zwei Talente erhalten hatte, und sagte: »Herr, du hast mir zwei Talente gegeben; sieh her, ich habe noch zwei dazu gewonnen.« Sein Herr sagte zu ihm: »Sehr gut, du bist ein tüchtiger und treuer Diener. Du bist im Kleinen ein treuer Verwalter gewesen, ich will dir eine große Aufgabe übertragen. Komm, nimm teil an der Freude deines Herrn!«

Sein Herr antwortete ihm: »Du bist ein schlechter und fauler Diener! Du hast doch gewusst, dass ich ernte, wo ich nicht gesät habe, und sammle, wo ich nicht ausgestreut habe. Hättest du mein Geld wenigstens auf die Bank gebracht, dann hätte ich es bei meiner Rückkehr mit Zinsen zurückerhalten. Darum nehmt ihm das Talent weg und gebt es dem, der die zehn Talente hat!«

*Nach Matthäus 25,14–30*

Schreibe auf, mit welchen Talenten du dich für das Reich Gottes einsetzen kannst!

# A 7

## Christus braucht unsere Hände

Unter den vielen, vielen Tieren der Schöpfung lebte eine kleine Maus mit einer ganz, ganz großen Seele. Eine Seele zu haben, war ja der Wille des Schöpfers. Aber gleich eine so große! Manchmal meinte die kleine Maus, sie wäre ein einziges Ohr. Kann man sich vorstellen, nur Ohr zu sein? Alles zu hören, selbst die feinsten Klageschreie der gejagten Kreatur.

Immer wenn sie so ganz Ohr war, wünschte sie sich einen Berg von Watte, um nichts mehr hören zu müssen. Denn was sie hörte, machte ihr Angst, schreckliche, peinigende Angst, sodass sie sich selber vorkam, als sei sie von tausend Katzen umstellt. Manchmal meinte die kleine Maus, sie wäre ein einziges Auge. Kann man sich vorstellen, nur Auge zu sein? Alles zu sehen, selbst die unscheinbarsten Wunden der geplagten Kreatur. Immer wenn sie so ganz Auge war, wünschte sie sich einen Berg von Tüchern, um nichts mehr sehen zu müssen. Denn was sie sah, machte ihr Angst, schreckliche, peinigende Angst, sodass sie sich vorkam, als stäke sie in einer grässlichen Falle. Manchmal meinte die kleine Maus, sie wäre eine einzige Nase. Kann man sich vorstellen, nur Nase zu sein? Alles zu riechen, was zum Himmel stinkt

in der Welt der verzagten Kreatur! Immer wenn sie ganz Nase war, wünschte sie sich ein Fass voll Parfüm, um nichts riechen zu müssen. Denn was sie roch, machte ihr Angst, schreckliche, peinigende Angst, sodass sie sich vorkam, als säße sie mitten im Speck voller Gift.

In ihrer Not ging sie zum Schöpfer: »Lieber Herr«, sagte sie, »ich möchte keine große Seele. Ich habe zu viel Angst und kann bald nicht mehr leben.«

Gütig antwortete ihr der Vater des Lebens: »Sag mir, ist es die Wirklichkeit, die du hörst, siehst und riechst?« »Ja«, antwortete die kleine Maus mit der großen Seele. »Nein«, sagte der Herr geduldig, »es ist nicht die Wirklichkeit, es ist die Fratze der Wirklichkeit.

Ich verstehe, dass du Angst hast. Aber ich brauche deine große Seele, damit das wirkliche Leben zum Vorschein kommen kann. Ich will dir helfen, dass aus dem Hören das Begreifen, aus dem Sehen das Erkennen und aus dem Riechen das Empfinden für meine Wahrheit wird.«

Glücklich ging die kleine Maus mit der großen Seele nach Hause, wusste sie doch nun, dass sie wichtig war und nicht allein und voller Kraft.

*Peter Spangenberg*

## Christus hat keine Hände

Christus hat keine Hände, nur unsere Hände,
um seine Arbeit heute zu tun.

Er hat keine Füße, nur unsere Füße,
um Menschen auf seinen Weg zu führen.

Christus hat keine Lippen, nur unsere Lippen,
um Menschen von ihm zu erzählen.
Er hat keine Hilfe, nur unsere Hilfe,
um Menschen an seine Seite zu bringen.

*Herkunft unbekannt*

# A 8

## Auf jeden kommt es an

Das Auge sagte eines Tages: »Ich sehe hinter diesen Tälern im blauen Dunst einen Berg. Ist er nicht wunderschön?«

Das Ohr lauschte und sagte nach einer Weile: »Wo ist ein Berg? Ich höre keinen.«

Darauf sagte die Hand: »Ich versuche vergeblich, ihn zu begreifen. Ich finde keinen Berg.«

Die Nase sagte: »Ich rieche nichts. Da ist kein Berg.«

Da wandte sich das Auge in eine andere Richtung. Die anderen diskutierten weiter über diese merkwürdige Täuschung und kamen zu dem Schluss: »Mit dem Auge stimmt etwas nicht.«

*Khalil Gibran*

### Der eine Leib und die vielen Glieder

Denn wie der Leib eine Einheit ist, doch viele Glieder hat, alle Glieder des Leibes aber, obgleich es viele sind, einen einzigen Leib bilden: so ist es auch mit Christus.

Durch den einen Geist wurden wir in der Taufe alle in einen einzigen Leib aufgenommen, Juden und Griechen, Sklaven und Freie; und alle wurden wir mit dem einen Geist getränkt.

Auch der Leib besteht nicht nur aus einem Glied, sondern aus vielen Gliedern.

Wenn der Fuß sagt: Ich bin keine Hand, ich gehöre nicht zum Leib!, so gehört er doch zum Leib. Und wenn das Ohr sagt: Ich bin kein Auge, ich gehöre nicht zum Leib!, so gehört es doch zum Leib. Wenn der ganze Leib nur Auge wäre, wo bliebe dann das Gehör? Wenn er nur Gehör wäre, wo bliebe dann der Geruchssinn? Nun aber hat Gott jedes einzelne Glied so in den Leib eingefügt, wie es seiner Absicht entsprach.

Wären alle zusammen nur ein Glied, wo bliebe dann der Leib? So aber gibt es viele Glieder und doch nur einen Leib.

Das Auge kann nicht zur Hand sagen: Ich bin nicht auf dich angewiesen. Der Kopf kann nicht zu den Füßen sagen: Ich brauche euch nicht. Im Gegenteil, gerade die schwächer scheinenden Glieder des Leibes sind unentbehrlich.

Gott aber hat den Leib so zusammengefügt, dass er dem geringsten Glied mehr Ehre zukommen ließ, damit im Leib kein Zwiespalt entstehe, sondern alle Glieder einträchtig füreinander sorgen.

Wenn darum ein Glied leidet, leiden alle Glieder mit; wenn ein Glied geehrt wird, freuen sich alle anderen mit ihm.

Ihr aber seid der Leib Christi, und jeder Einzelne ist ein Glied an ihm.

*1 Korinther 12,12– 24*

Vergleiche die beiden Texte miteinander! Schreibe auf, was in der ersten Geschichte passieren muss, damit alle den Berg erkennen!

Wenn wir Christen alle zusammen der Leib Christi sind, was bedeutet dann der zweite Text für uns? Unterstreiche die Sinne, die im Bibeltext vorkommen!

# A 9

## Sie haben einen Mund und reden nicht

Nicht uns, o Herr, bring zu Ehren, nicht uns,
sondern deinen Namen,
in deiner Huld und Treue!
Warum sollen die Völker sagen:
«Wo ist denn ihr Gott?»
Unser Gott ist im Himmel;
alles, was ihm gefällt, das vollbringt er.
Die Götzen der Völker sind nur Silber und Gold,
ein Machwerk von Menschenhand.
Sie haben einen Mund und reden nicht,
Augen und sehen nicht;
sie haben Ohren und hören nicht,
eine Nase und riechen nicht;
mit ihren Händen können sie nicht greifen,
mit den Füßen nicht gehen,
sie bringen keinen Laut hervor aus ihrer Kehle.
Die sie gemacht haben,
sollen ihrem Machwerk gleichen,
alle, die den Götzen vertrauen.

*Psalm 115,1–6*

Schreibe hierhin, welche »Götzen« du kennst, die einen dazu verleiten, andere Menschen nicht wahrzunehmen!

| Was übersiehst du gerne? | |
| --- | --- |
| Was überhörst du gerne? | |
| Worüber redest du lieber nicht? | |

15

# A 10

## Riechen, schmecken, spüren

Hier siehst du Dinge abgebildet, die man riechen, schmecken und fühlen kann. Manche Dinge kannst du direkt benennen, andere stehen als Zeichen für etwas anderes.

Trage in die Tabelle unten ein, was man riechen, was man schmecken und was man spüren kann. Manche Dinge musst du in zwei Spalten eintragen.

| Riechen | Schmecken | Spüren |
|---|---|---|
|  |  |  |

# *A 11*

## **Hand und Fuß haben** (Mandala)

# A 12

## Unsere Hände

Was haben wir am Ende
doch für geschickte Hände!
Sie können viele Sachen
bald rechts, bald links schnell machen.
Die Hände können waschen,
sie greifen in die Taschen.
Die Hände können suchen,
sie backen einen Kuchen.
Sie rühren eine Suppe,
sie füttern unsre Puppe,
sie lenken unsern Wagen
und können Koffer tragen.
Sie kämmen unsre Köpfe,
sie flechten unsre Zöpfe
und können Schleifen binden,
im Dunkeln Schalter finden.
Die Hände öffnen Türen,
die uns ins Freie führen.
Sie schlagen mit dem Hammer,
sie klammern mit der Klammer.
Sie spielen auch die Flöte,
die Geige und Trompete.
Sie lassen Peitschen knallen,
die weithin laut erschallen.
Der Kreisel muss sich drehen,
der Turm muss grade stehen.
Die Hände können malen,
die Hände schreiben Zahlen.
Sie nähen und sie sticken,
sie häkeln und sie stricken,
sie schneiden kreuz und quere
mit einer scharfen Schere.
Was haben wir am Ende
doch für geschickte Hände!
Sie können viele Sachen
ganz zuverlässig machen.

*Elfriede Pausewang*

**Ich hab eine Hand!**

1. Ich hab ei - ne Hand! Du hast ei - ne Hand!
Sind wir uns schon gut be - kannt?
Die er - zählt von mir! Die er - zählt von dir!
Und zu - sam - men sin - gen wir!

2. Du, ich spüre dich,
und du spürst auch mich,
allein auf der Welt wär's fürchterlich!

3. Schaut, wer noch allein:
Jesus lädt uns ein,
wir können alle fröhlich sein!

4. Amen, Amen, Amen, Amen, Amen.

*T und M: Wolfgang Longardt
(nach einem Spiritual)*

Lege deine Hand in die freie Fläche und zeichne
sie mit einem Stift nach. Schreibe hinein, was du
mit deinen Händen alles machen kannst!

# A 13

## Gott gab uns Hände

Gott gab uns Hände
Hände, die arbeiten
Hände, die lieben
geben
helfen
und beschützen
Gott gab uns Hände
aber wir gebrauchen diese Hände
um zu trennen
und zu zerstören
Hände, die lieben sollten, hassen
Hände, die geben sollten, stehlen
Hände, die helfen sollten, verweigern sich
Hände, die beschützen sollten, kämpfen
Gott streckte seine Hände nach uns aus
aber wir nagelten diese Hände
ans Kreuz und dachten:
Die rühren sich nicht mehr
Es kam anders:
Gott streckt seine Hände von Neuem nach uns aus
die Hände, die wir ans Kreuz genagelt haben
damit unsere Hände lernen
zu lieben
zu geben
zu helfen
und zu schützen

*Teresa Berger*

**Die Hoffnung braucht Hände**

2. Die Hoffnung braucht Hände, Hände, die leben.
Die Hoffnung braucht Hände, Hände, die geben.

3. Die Hoffnung braucht Hände, Hände, die teilen.
Die Hoffnung braucht Hände, Hände, die heilen.

4. Die Hoffnung braucht Hände, Hände begegnen.
Die Hoffnung braucht Hände, Hände, die segnen.

*T: Josef Reding   M: Reinhard Horn*

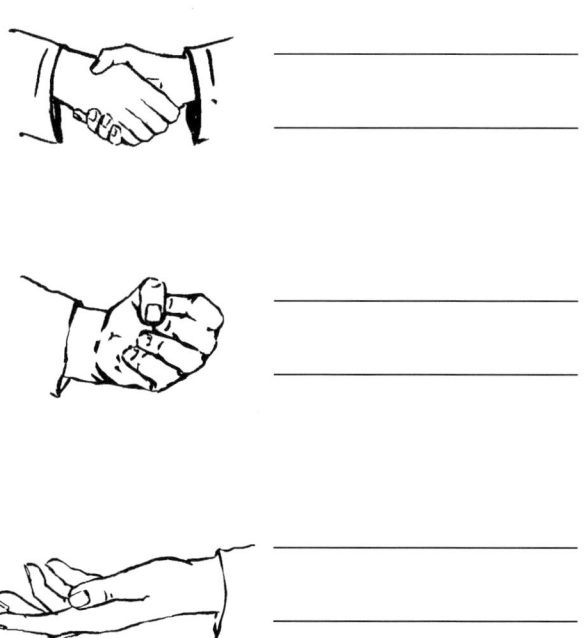

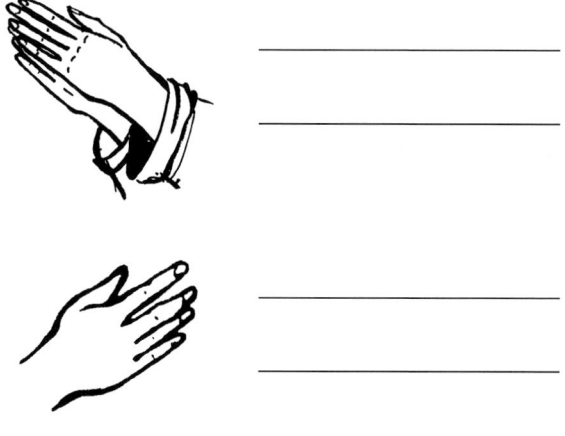

Hier siehst du Hände abgebildet, die unterschiedliche Dinge tun. Schreibe rechts neben die Hände, was sie tun oder was sie zum Ausdruck bringen!

# A 14

## Ein Wassergraben breit und tief

Werner und Fritz und Kurt und der kleine Hans liefen durch einen Wald. Sie kamen an einen Wassergraben, der breit und tief war. »Der ist aber breit!«, sagte der kleine Hans. »Wir müssen umkehren.« »Kommt nicht in Frage!«, sagte Werner sofort. »Wenn er nicht zu lang ist, könnten wir rechts oder links an ihm vorbei«, meinte der kleine Hans. »Springen ist besser«, sagte Kurt. Er nahm Anlauf – schon war er drüben. Fritz nahm Anlauf – schon war er drüben. Am leichtesten kam Werner hinüber. Er war der Größte. »Spring doch!«, riefen die drei von drüben. Der kleine Hans traute sich nicht. Er war der Kleinste. »Wie ein Frosch siehst du aus!«, spottete Kurt. Er dachte: Vielleicht springt er, wenn ich ihn auslache. Frosch hat er gesagt, überlegte der kleine Hans. Nie werde ich mich trauen.

Werner sagte: »Ich nehm dich auf den Rücken und spring noch einmal.« Der kleine Hans dachte: Dann fallen wir beide hinein! Da sagte Fritz: »Wenn der Graben nicht ganz so breit wäre, kämst du dann hinüber?« »Dann natürlich«, sagte der kleine Hans. Und Fritz stellte gleich einen Fuß an den Grabenrand und streckte ihm eine Hand weit entgegen und sagte: »Hier – meine Hand ist der Rand!« Und der kleine Hans schaute nur auf die Hand und dachte: Die ist gar nicht weit weg!, und nahm Anlauf, und schon war er drüben. Fritz sagte: »Du warst besser als wir. Und meine Hand hast du gar nicht gebraucht!« Dann liefen sie weiter. Und der kleine Hans dachte: Eins weiß ich bestimmt, dass Fritz mein Freund ist.

*Hans Baumann*

### Petrus geht über das Wasser

Jesus forderte die Jünger auf, ins Boot zu steigen und an das andere Ufer vorauszufahren. Inzwischen wollte er die Leute nach Hause schicken. Nachdem er sie weggeschickt hatte, stieg er auf einen Berg, um in der Einsamkeit zu beten. Spät am Abend war er immer noch allein auf dem Berg. Das Boot aber war schon weit vom Land entfernt und wurde von den Wellen hin und her geworfen; denn sie hatten Gegenwind.

In der vierten Nachtwache kam Jesus zu ihnen; er ging auf dem See. Als ihn die Jünger über den See kommen sahen, erschraken sie, weil sie meinten, es sei ein Gespenst, und sie schrieen vor Angst.

Doch Jesus begann mit ihnen zu reden und sagte: »Habt Vertrauen, ich bin es; fürchtet euch nicht!«

Darauf erwiderte ihm Petrus: »Herr, wenn du es bist, so befiehl, dass ich auf dem Wasser zu dir komme.«

Jesus sagte: »Komm!« Da stieg Petrus aus dem Boot und ging über das Wasser auf Jesus zu. Als er aber sah, wie heftig der Wind war, bekam er Angst und begann unterzugehen. Er schrie: »Herr, rette mich!« Jesus streckte sofort die Hand aus, ergriff ihn und sagte zu ihm: »Du Kleingläubiger, warum hast du gezweifelt?«

Und als sie ins Boot gestiegen waren, legte sich der Wind.

*Matthäus 14,22–32*

# A 15

## Die kleine Hand und die große Hand

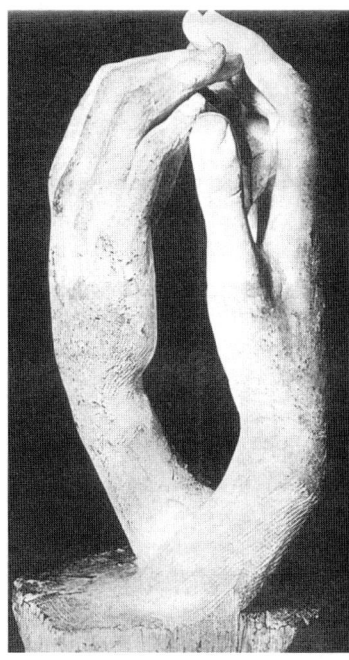

*Rodin,*
*»La cathédrale«*

Es sagte einmal die kleine Hand zur großen Hand:
Du große Hand, ich brauche dich, weil ich bei
dir geborgen bin.
Ich spüre deine Hand,
wenn ich wach werde und du bei mir bist,

wenn ich Hunger habe und du mich fütterst,
wenn du mir hilfst, etwas zu greifen
und aufzubauen,
wenn ich mit dir meine ersten Schritte versuche,
wenn ich zu dir kommen kann,
weil ich Angst habe.
Ich bitte dich: bleibe in meiner Nähe
und halte mich.
Und es sagte die große Hand zur kleinen Hand:
Du kleine Hand, ich brauche dich,
weil ich von dir ergriffen bin.
Das spüre ich,
weil ich viele Handgriffe für dich tun darf,
weil ich mit dir spielen,
lachen und herumtollen kann,
weil ich mit dir kleine,
wunderbare Dinge entdecke,
weil ich deine Wärme spüre und dich lieb habe.
weil ich mit dir zusammen wieder bitten
und danken kann,
Ich bitte dich: bleibe in meiner Nähe
und halte mich.

*Gerhard Kiefel*

### Und der Kreis wird immer größer

2. Wenn wir uns die Hände reichen,
   bleiben Freunde nicht allein.
   Hand in Hand, das sei das Zeichen,
   werden wir bald Freunde sein.

3. Wenn wir uns die Hände reichen,
   dann ist keiner mehr allein.
   Angst und Kummer müssen weichen,
   und es zieht der Friede ein.

4. Lasst uns drum die Hände geben,
   dass es jeder spürt und weiß,
   dass wir miteinander leben!
   So wie hier in unserm Kreis.

5. Lasst uns fest die Hände drücken
   und uns in die Augen sehn.
   Unsere Hände, das sind Brücken,
   die zu andren Menschen gehn.

*T: Rolf Krenzer   M: Detlev Jöcker*

# A 16

## Leere Hände

Ich hatte einen Traum:
Ein Mensch erschien
vor dem Gericht des Herrn.
»Siehe, mein Gott«,
so sprach er,
»ich habe dein Gesetz beachtet,
habe nichts Unredliches,
nichts Böses oder Frevelhaftes getan.
Herr, meine Hände sind rein.«
»Ohne Zweifel, ohne Zweifel«,
antwortete ihm der Herr,
»doch sie sind leer.«

*Raoul Follereau*

**Die Hände sind leer**

*T und M: Arndt Büssing*

### Mit leeren Händen

Mit leeren Händen zu Gott gehen,
offen, ohne etwas vorzuweisen,
ausgestreckt, nach oben ausgerichtet.
Mit leeren Händen zu Gott gehen,
offen, um zu empfangen,
um gefüllt zu werden.

Mit leeren Händen zu Gott gehen,
bittend, dankend, vertrauend.
Mit leeren Händen zu Gott gehen,
damit er durch sie wirken kann,
in uns und um uns.

*Hans und Marie Th. Kuhn-Schädler*

*Sieger Köder, Das Mahl mit den Sündern*

# A 17

## Heilende Hände

Jesus verließ mit seinen Freunden die Synagoge, das Gotteshaus der Juden, und ging zusammen mit Jakobus und Johannes gleich in das Haus des Simon und Andreas.

Die Schwiegermutter des Simon lag mit Fieber im Bett. Sie sprachen mit Jesus über sie, und er ging zu ihr, fasste sie an der Hand und richtete sie auf. Da ging das Fieber herunter, und sie sorgte für sie. Am Abend, als die Sonne untergegangen war, brachte man viele Kranke zu Jesus. Die ganze Stadt war vor der Haustür versammelt, und er heilte viele, die an allen möglichen Krankheiten litten, und trieb viele Dämonen aus.

*Nach Markus 1,29–39*

### Heilung eines Aussätzigen

Ein Kranker kam zu Jesus und bat ihn um Hilfe. Er war ein Aussätziger. Die Krankheit war so schlimm, dass Menschen, die darunter litten, sich von allen gesunden Menschen fern halten mussten. Sie waren ausgestoßen. Die Leute sagten: »Sie sind unrein.« Niemand durfte sie berühren.

Der Aussätzige fiel vor Jesus auf die Knie und sagte: »Wenn du willst, kannst du machen, dass ich rein werde.« Jesus hatte Mitleid mit ihm; er streckte die Hand aus, berührte ihn und sagte: »Ich will es – werde rein!« Im gleichen Augenblick verschwand der Aussatz, und der Mann war rein.

*Nach Markus 1,40–45*

### Blinde bleiben blind

1. Blin - de  blei - ben blind,___  Blin - de blei - ben blind,___  bis ei - ner auf - steht,___  bis ei - ner los - geht,___  bis ei - ner kommt, der für sie sieht, bis ei - ner kommt, der für sie sieht.

2. Stumme bleiben stumm,
   bis einer ... kommt, der für sie spricht.

3. Taube bleiben taub,
   bis einer ... kommt, der für sie hört.

4. Lahme bleiben lahm,
   bis einer ... kommt, der für sie geht.

*T: Hans Jürgen Netz   M: Ludger Edelkötter*

### Heilung eines Blinden

Einmal sah Jesus einen Mann, der sein Leben lang blind gewesen war. Er saß am Stadttor und bettelte, damit er etwas Geld zum Leben hatte.

Die Freunde Jesu fragten: »Herr, was hat dieser Mann Böses getan, dass er blind ist?« Jesus antwortete: »Er hat nichts Böses getan. An ihm soll deutlich werden, dass Gott mich zu den Menschen gesandt hat und ich Licht in ihr Leben bringe.«

Als er das gesagt hatte, spuckte er auf die Erde und machte mit der Spucke und dem Sand einen Teig. Den strich er dem Blinden auf die Augen und sagte zu ihm: » Geh und wasch dich im Teich Schiloach.« Der Mann ging und wusch sich. Als er zurückkam, konnte er wieder sehen.

*Nach Johannes 9,1–41*

# A 18

## In Gottes Hand

Das Wort, das vom Herrn an Jeremia erging:
Mach dich auf, und geh zum Haus des Töpfers
hinab! Dort will ich dir meine Worte mitteilen.
So ging ich zum Haus des Töpfers hinab. Er
arbeitete gerade mit der Töpferscheibe. Missriet
das Gefäß, das er in Arbeit hatte, wie es beim
Ton in der Hand des Töpfers vorkommen kann,
so machte der Töpfer daraus wieder ein anderes
Gefäß, ganz wie es ihm gefiel.
Da erging an mich das Wort des Herrn: Kann ich
nicht mit euch verfahren wie dieser Töpfer, Haus
Israel? – Spruch des Herrn. Seht, wie der Ton in
der Hand des Töpfers, so seid ihr in meiner
Hand.

*Jeremia 18,1–6*

*Walter Habdank, In Gottes Hand*

### Er hält die ganze Welt in seiner Hand

He's got the whole world in his hand,
he's got the whole wide world in his hand,
he's got the whole world in his hand,
he's got the whole world in his hand.

1. Er hält die ganze Welt in seiner Hand,
   er hält die ganze weite Welt in seiner Hand,
   er hält die ganze Welt in seiner Hand,
   er hält die Welt in seiner Hand.

2. Er hält den Tag und die Nacht in seiner Hand,
   er hält die Erde und den Himmel in seiner Hand,
   er hält das Land und das Meer in seiner Hand,
   er hält die Welt in seiner Hand.

3. Er hält die Sonne und den Mond in seiner Hand,
   er hält den Wind und den Regen in seiner Hand,
   er hält den großen Regenbogen in seiner Hand,
   er hält die Welt in seiner Hand.

4. Er hält die Bäume und die Büsche in seiner Hand,
   er hält die Tiere auf dem Felde in seiner Hand,
   er hält die Vögel und die Blumen in seiner Hand,
   er hält die Welt in seiner Hand.

5. Er hält den Vater und die Mutter in seiner Hand,
   er hält den Bruder und die Schwester in seiner Hand,
   er hält das süße kleine Baby in seiner Hand,
   er hält die Welt in seiner Hand.

6. Er hält auch dich und mich, mein Bruder,
   in seiner Hand,
   er hält auch dich und mich, mein' Schwester,
   in seiner Hand,
   er hält auch euch, meine Freunde, in seiner Hand,
   er hält die Welt in seiner Hand.

*T und M: Spiritual*

# A 19

## Wo ich dich getragen habe

Eines Nachts hatte ein Mann einen Traum. Er träumte, er würde mit Jesus am Strand entlang spazieren. Am Himmel über ihnen erschienen Szenen aus dem Leben des Mannes. In jeder Szene bemerkte er zwei Paar Fußabdrücke im Sand, eines gehörte ihm, das andere Jesus.

Als die letzte Szene vor ihm erschien, schaute er zurück zu den Fußabdrücken und bemerkte, dass sehr oft auf dem Weg nur *ein* Paar Fußabdrücke im Sand zu sehen war. Er stellte ebenfalls fest, dass dies gerade während der Zeiten war, in denen es ihm am schlechtesten ging.

Dies wunderte ihn natürlich, und er fragte Jesus: »Herr, du sagtest mir einst, dass ich mich entscheiden sollte, dir nachzufolgen; du würdest jeden Weg mit mir gehen. Aber ich stelle fest, dass während der beschwerlichsten Zeiten meines Lebens nur *ein* Paar Fußabdrücke zu sehen ist. Ich verstehe nicht, warum! Wenn ich dich am meisten brauchte, hast du mich allein gelassen.« Jesus antwortete: »Mein lieber, lieber Freund, ich mag dich so sehr, dass ich dich niemals verlassen würde. Während der Zeiten, wo es dir am schlechtesten ging, wo du auf Proben gestellt wurdest und gelitten hast, dort, wo du nur *ein* Paar Fußabdrücke siehst – es waren die Zeiten, wo ich dich getragen habe.«

*Margaret Fishback-Powers*

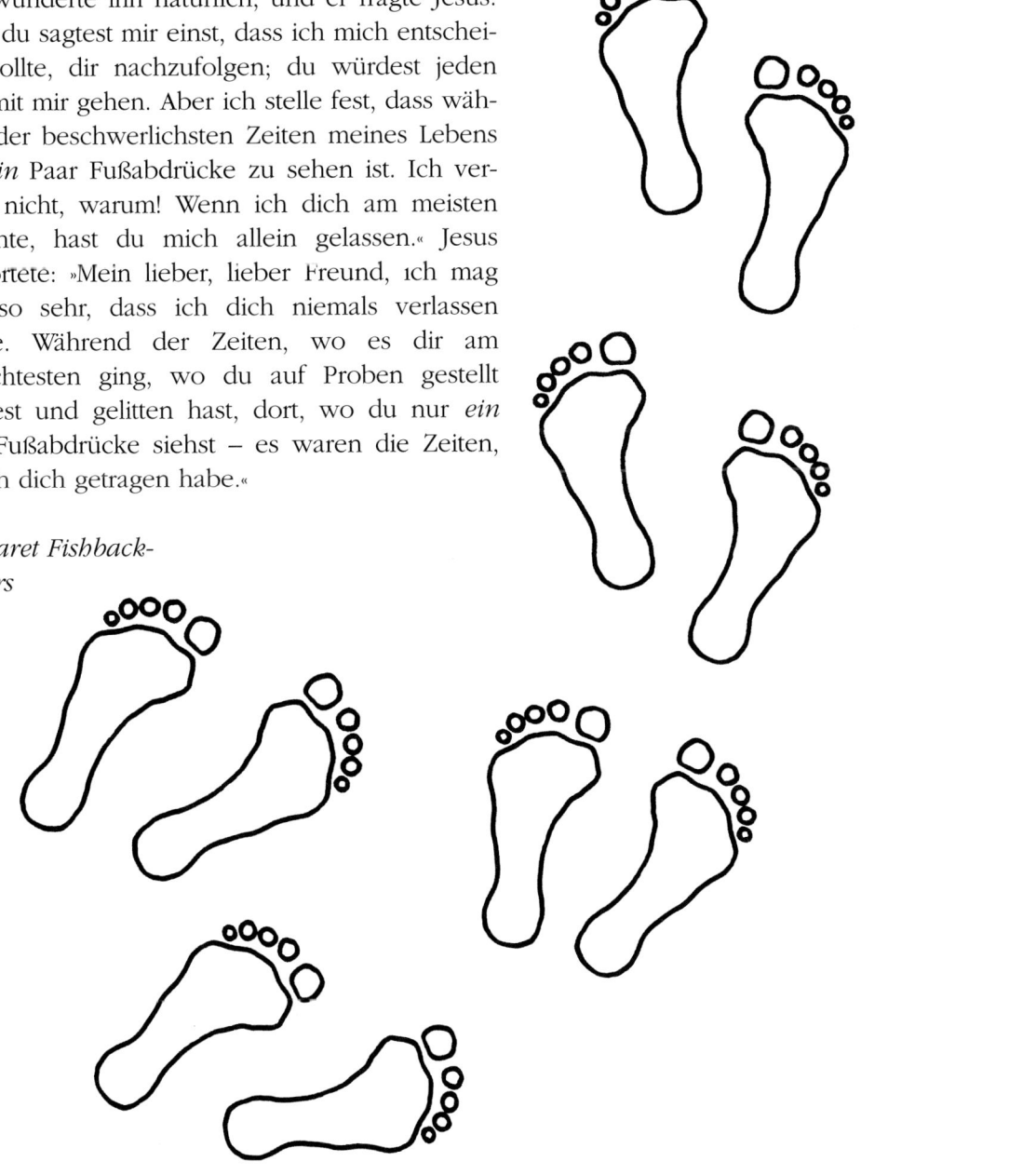

# A 20

## Wohin wir schon gegangen sind

Zeichne oder schreibe in die Bildabschnitte der
Filmrolle, wohin du heute schon gegangen bist!

# A 21

## Heilung eines Gelähmten

Jesus kam nach Kafarnaum zurück. Als die Menschen merkten, dass er wieder zu Hause war, kamen so viele Menschen zu ihm, dass nicht einmal mehr vor der Tür Platz war; Jesus verkündete ihnen die frohe Botschaft vom Reich Gottes.

Vier Freunde brachten einen Gelähmten zu ihm. Sie trugen ihn auf einer Bahre. Weil sie ihn aber wegen der vielen Leute nicht bis zu Jesus ins Haus bringen konnten, gingen sie über die Seitentreppe auf das Dach und entfernten dort die Zweige, die das Dach bildeten. Genau dort, wo Jesus war, ließen sie ihren gelähmten Freund auf seiner Tragbahre durch die Öffnung hinab.

Als Jesus sah, wie sehr sie sich abgemüht hatten und darauf vertrauten dass er ihnen half, sagte er zu dem Gelähmten: »Mein Sohn, deine Sünden sind dir vergeben!«

Einige Schriftgelehrte aber, die dort saßen und nicht gut auf Jesus zu sprechen waren, dachten im Stillen: Wie kann Jesus so etwas sagen? Er, der Mensch, stellt sich an die Stelle Gottes! Wer kann Sünden vergeben außer dem einen Gott? Jesus erkannte sofort, was sie dachten, und sagte zu ihnen: »Was für Gedanken habt ihr im Herzen? Ist es leichter, zu dem Gelähmten zu sagen: Deine Sünden sind dir vergeben!, oder zu sagen: Steh auf, nimm deine Tragbahre, und geh umher? Ihr sollt aber erkennen, dass ich von Gott die Vollmachthabe, hier auf der Erde Sünden zu vergeben.« Und er sagte zu dem Gelähmten: »Ich sage dir: Steh auf, nimm deine Tragbahre, und geh nach Hause!« Der Mann stand sofort auf, nahm seine Tragbahre und ging vor aller Augen weg. Da gerieten alle außer sich; sie priesen Gott und sagten: »So etwas haben wir noch nie gesehen.«

*Nach Markus 2,1– 12*

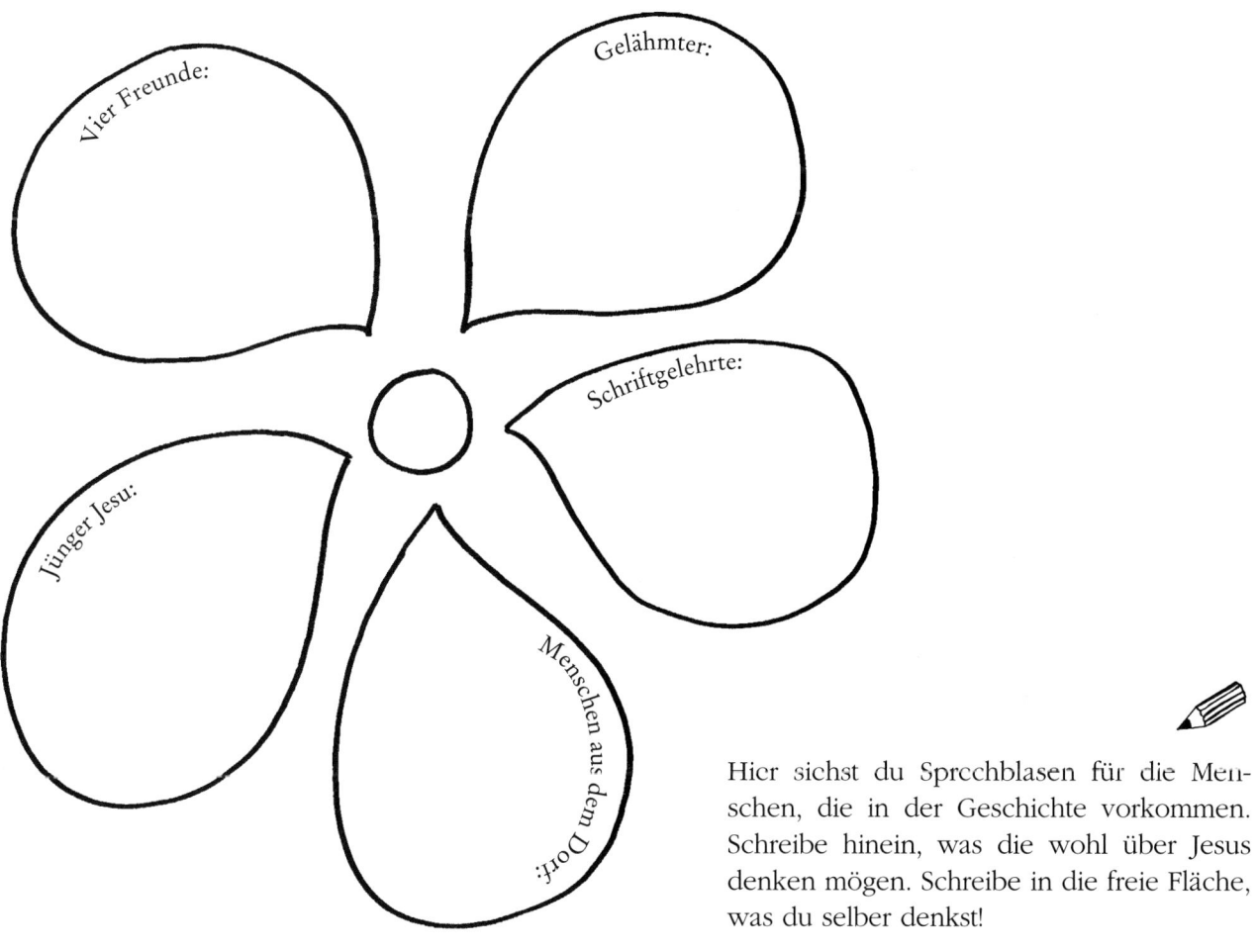

Hier siehst du Sprechblasen für die Menschen, die in der Geschichte vorkommen. Schreibe hinein, was die wohl über Jesus denken mögen. Schreibe in die freie Fläche, was du selber denkst!

# A 22

## Salbung und Fußwaschung

Jesus ging in das Haus eines Pharisäers, der ihn zum Essen eingeladen hatte, und legte sich zu Tisch. Als nun eine Sünderin, die in der Stadt lebte, erfuhr, dass er im Haus des Pharisäers bei Tisch war, kam sie mit einem Alabastergefäß voll wohlriechendem Öl und trat von hinten an ihn heran. Dabei weinte sie, und ihre Tränen fielen auf seine Füße. Sie trocknete seine Füße mit ihrem Haar, küsste sie und salbte sie mit dem Öl. Als der Pharisäer, der ihn eingeladen hatte, das sah, dachte er: Wenn er wirklich ein Prophet wäre, müsste er wissen, was das für eine Frau ist, von der er sich berühren lässt; er wüsste, dass sie eine Sünderin ist. Da wandte sich Jesus an ihn und sagte: »Simon, ich möchte dir etwas sagen.« Er erwiderte: »Sprich, Meister!« Jesus sagte: »Ein Geldverleiher hatte zwei Schuldner; der eine war ihm fünfhundert Denare schuldig, der andere fünfzig. Als sie ihre Schulden nicht bezahlen konnten, erließ er sie beiden. Wer von ihnen wird ihn nun mehr lieben?« Simon antwortete: »Ich nehme an, der, dem er mehr erlassen hat.« Jesus sagte zu ihm: »Du hast Recht.«

Dann wandte er sich der Frau zu und sagte zu Simon: »Siehst du diese Frau? Als ich in dein Haus kam, hast du mir kein Wasser zum Waschen der Füße gegeben; sie aber hat ihre Tränen über meinen Füßen vergossen und sie mit ihrem Haar abgetrocknet. Du hast mir zur Begrüßung keinen Kuss gegeben; sie aber hat mir, seit ich hier bin, unaufhörlich die Füße geküsst. Du hast mir nicht das Haar mit Öl gesalbt; sie aber hat mir mit ihrem wohlriechenden Öl die Füße gesalbt. Deshalb sage ich dir: Ihr sind ihre vielen Sünden vergeben, weil sie mir so viel Liebe gezeigt hat. Wem aber nur wenig vergeben wird, der zeigt auch nur wenig Liebe.« Dann sagte er zu ihr: »Deine Sünden sind dir vergeben.« Da dachten die anderen Gäste: »Wer ist das, dass er sogar Sünden vergibt?« Er aber sagte zu der Frau: »Dein Glaube hat dir geholfen. Geh in Frieden!«

*Nach Lukas 7,36–50*

Es war vor dem Osterfest der Juden. Jesus wusste, dass er bald sterben würde. Noch einmal wollte er mit seinen Freunden Mahl halten. Bevor es begann stand Jesus auf, legte sein Gewand ab und band sich ein Leinentuch um. Seine Freunde wunderten sich: Was hat er nur vor? Jesus goss Wasser in eine Schüssel und begann, den Jüngern die Füße zu waschen und mit dem Leinentuch abzutrocknen. Als er zu Petrus kam, sagte dieser zu ihm: »Du, Herr, willst mir die Füße waschen?«

Jesus antwortete ihm: »Was ich tue, verstehst du jetzt noch nicht; doch später wirst du es begreifen.« Petrus entgegnete ihm: »Ich will aber nicht, dass du mir wie ein einfacher Diener die Füße wäschst!« Jesus erwiderte ihm: »Wenn ich dir die Füße nicht wasche, gehörst du nicht zu mir.«

Da sagte Simon Petrus zu ihm: »Herr, dann nicht nur meine Füße, sondern auch die Hände und den Kopf.« Jesus sagte zu ihm: »Wer vom Bad kommt, ist ganz rein und braucht sich nur noch die Füße zu waschen.« Das sagte er, weil in Israel die Menschen Sandalen trugen und die Wege staubig waren. Deshalb wurden auch die Füße immer wieder staubig.

Als Jesus allen die Füße gewaschen, sein Gewand wieder angelegt und Platz genommen hatte, sagte er zu ihnen: »Begreift ihr, was ich da gemacht habe? Ihr sagt zu mir Meister und Herr, und ihr nennt mich mit Recht so; denn ich bin es. Wenn nun ich, der Herr und Meister, euch die Füße gewaschen habe, dann müsst auch ihr einander die Füße waschen. Ich habe euch ein Beispiel gegeben, damit auch ihr so handelt, wie ich an euch gehandelt habe. Keiner soll sich über den anderen stellen.«

*Nach Johannes 13,1–15*

# A 23

## Sehen, hören, sprechen (Mandala)

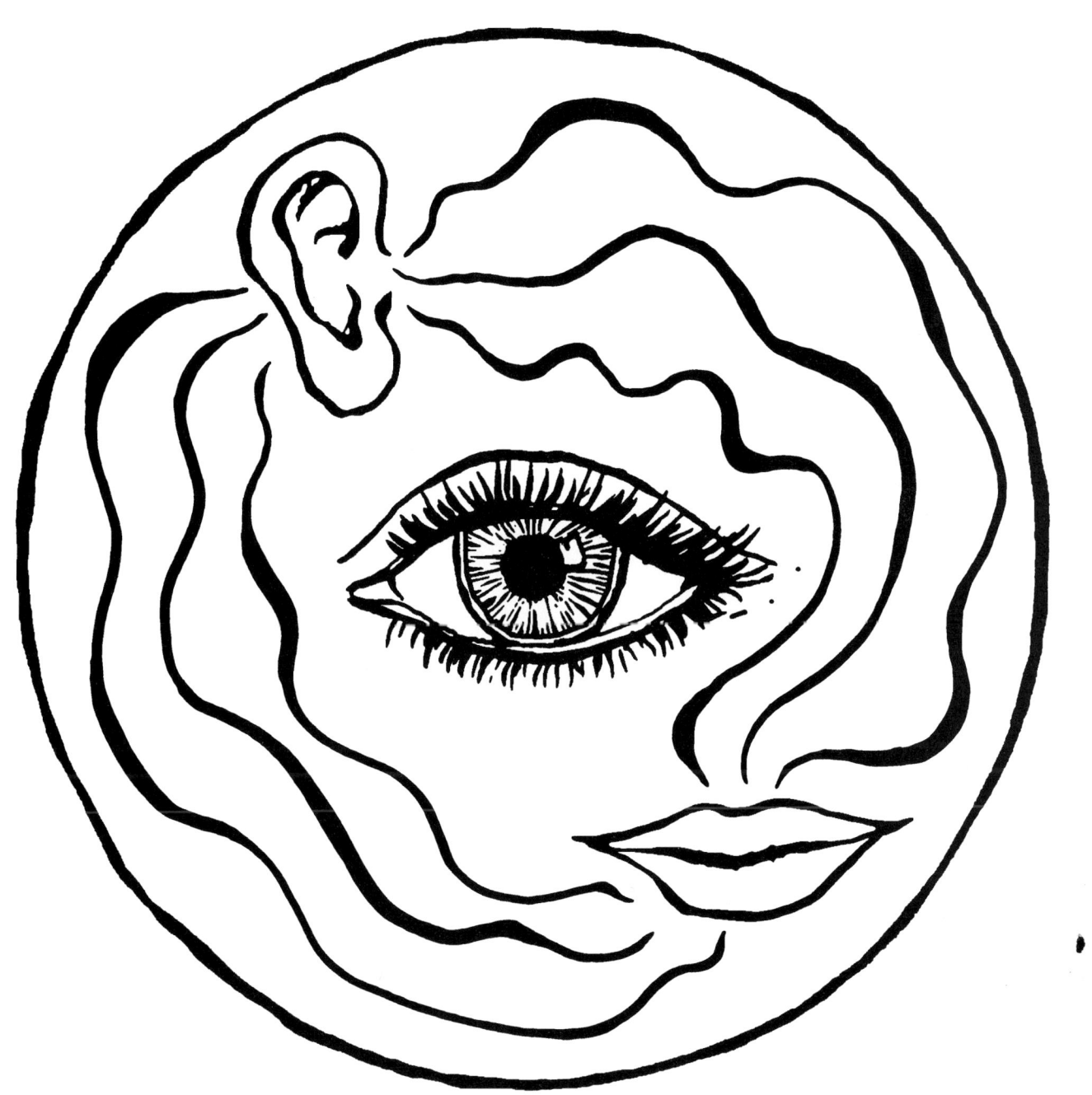

# A 24

## Blind sein und nicht sehen können

1. Blind-Sein und Nicht-Se-hen-Kön-nen,
das ist schlimm, doch auch mit ge-
sun-den Au-gen sieht man oft nicht hin.

2. Komm, bedecke deine Augen, langsam, sacht.
Immer dunkler wird es dann,
fast wie in der Nacht.

3. Taste dich mit Füßen vorwärts, Schritt für Schritt.
Oh, wie mühsam ist das Laufen
dann bei jedem Tritt.

4. Öffne deine Augen wieder, schau umher!
Menschen, Blumen, Bäume, Himmel
freuen uns so sehr.

5. Jesus einst den Blinden heilte, der war froh.
Weck auch meine Augen auf,
hilf mir ebenso.

6. Gib uns offne Augen, Herr, hilf zum rechten Sehn,
dass wir nicht mit müden Augen
durch das Leben gehen.

*T und M: Wolfgang Longardt*

> Schreibe in diesen Kasten, was der Blinde auf
> dem Bild wohl denkt und fühlt!

### Heilung eines Blinden

Jesus kam mit seinen Freunden nach Jericho. Als er mit seinen Jüngern und einer großen Menschenmenge Jericho wieder verließ und durch das Stadttor gehen wollte, saß an der Straße ein blinder Bettler, Bartimäus. Als Bartimäus hörte, dass Jesus in der Nähe war, rief er laut: »Jesus, hab Erbarmen mit mir!«

Die Leute um ihn herum wurden ärgerlich und sagten: »Sei endlich ruhig!« Er aber schrie noch viel lauter: »Jesus, hab Erbarmen mit mir!« Das hörte Jesus. Er blieb stehen und sagte: »Ruft ihn her!« Sie riefen den Blinden und sagten zu ihm: »Hab nur Mut, steh auf, er ruft dich.« Da warf Bartimäus seinen Mantel weg, sprang auf und lief auf Jesus zu.

Und Jesus fragte ihn: »Was willst du von mir?« Der Blinde antwortete: »Herr, ich möchte wieder sehen können.« Da sagte Jesus zu ihm: »Geh! Dein Glaube hat dir geholfen.« Im gleichen Augenblick konnte er wieder sehen, und er folgte Jesus auf seinem Weg.

*Nach Markus 10,46–52*

*Josef Reding,
Der Blinde*

# A 25

## Balken und Splitter im Auge

Jesus redete zu den Menschen, die bei ihm waren oder zu ihm kamen. Er erklärte ihnen, was Gott will. Er sagte: »Bemüht euch, gut zu sein, mehr als alle anderen. Denn nur dann könnt ihr Gottes Frohe Botschaft glaubhaft weitersagen. Sonst ist es so, als ob ein Mensch, der blind ist, einen anderen Menschen führen will. Werden nicht beide in eine Grube fallen?

Oft sehen die Menschen nur das Unrecht, das andere tun. Über das eigene Unrecht denken sie nicht nach. Es ist so, als hätte jemand einen winzigen Splitter im Auge, den die anderen sofort sehen. Dass sie selbst aber einen ganzen Balken im Auge tragen, das merken sie nicht.

Wie kannst du zu deinem Bruder oder deiner Schwester sagen: Lass mich den Splitter aus deinem Auge herausziehen!, während du den Balken in deinem eigenen Auge nicht siehst? Du Heuchler! Zieh zuerst den Balken aus deinem Auge; dann kannst du versuchen, den Splitter aus dem Auge deines Bruders herauszuziehen.«

*Nach Lukas 6,39– 45*

### Der Axtdieb

Ein Mann hatte seine Axt verloren und vermutete, dass der Sohn des Nachbarn sie ihm gestohlen habe. Er beobachtete ihn daher genau: sein Gang, sein Blick war ganz der eines Axtdiebes. Alles, was er tat, sah nach einem Axtdieb aus.

Einige Zeit später fand der Mann zufällig die Axt unter einem Bretterhaufen. Am nächsten Tag sah er den Sohn des Nachbarn: sein Gang war nicht der eines Axtdiebes, auch sein Blick war nicht der eines Axtdiebes.

*Aus dem Chinesischen*

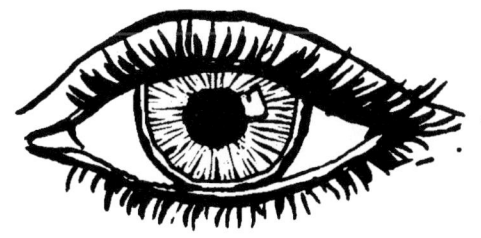

# A 26

## Der Korb mit den wunderbaren Sachen

Ein Mann hatte viele Kühe. Morgens trieb er sie auf die Weide, und abends trieb er sie zurück in den Stall. Er molk seine Kühe und freute sich über die viele gute Milch. Einmal aber, als er morgens in den Stall kam, gab keine einzige Kuh auch nur einen Tropfen Milch. Auch am nächsten und am übernächsten Tag gaben die Kühe keine Milch.

Jemand muss sie heimlich melken, dachte der Mann. An diesem Abend versteckte er sich neben der Stalltür und wartete. Es wurde dunkler und dunkler, die Sterne gingen auf und leuchteten immer heller. Auf einmal senkte sich eine Strickleiter aus geflochtenen Strahlen von den Sternen herab. Auf der Leiter stiegen Mädchen herunter, eines nach dem anderen. Die Sternmädchen gingen in den Stall und fingen zu kichern und zu singen an. Dann setzte sich jedes zu einer Kuh und molk die Kuh ohne Eimer.

Als der Mann das sah, wurde er zornig. Er sprang auf die Sternmädchen los und wollte sie fangen und schlagen. Aber die Sternmädchen waren viel zu flink. Sie huschten dahin und dorthin, sie kicherten und sangen. Dann liefen sie zurück zur Leiter und kletterten zurück in den Himmel. Ein einziges Mädchen war nicht flink genug. Der Mann packte es an den Haaren und ließ es nicht mehr los. Die anderen Mädchen bemerkten nicht, dass eines von ihnen noch auf der Erde war, und zogen die Strahlenstrickleiter ein. Das gefangene Sternmädchen war so schön, dass der Mann allen Zorn vergaß. »Willst du meine Frau werden?«, bat er. »Ja, ich will deine Frau werden«, sagte das Mädchen. »Du musst mir aber versprechen, dass du nie in mein Körbchen hineinschaust!« »Was für ein Körbchen?«, fragte der Mann. Kaum hatte er das gefragt, sah er, dass das Sternmädchen einen kleinen Korb am Arm trug. »Ich bin nicht neugierig«, sagte der Mann, »und ich werde gewiss nie hineinschauen.« Da wurde sie seine Frau. Monate vergingen, und der Mann vergaß allmählich, was er versprochen hatte. Das kleine Körbchen war kunstvoll geflochten und hatte einen Deckel, der ganz fest saß. Der Mann sah das Körbchen Tag für Tag und wurde plötzlich neugierig, was drinnen war. Er sagte aber kein Wort davon.

Einmal, als seine Frau nicht daheim war, hob er den Deckel des Körbchens und schaute hinein: Der Korb war leer! Bald darauf kam seine Frau und sagte traurig: »Du hast in das Körbchen geschaut!«

»Dummes Ding!«, antwortete der Mann. »Warum hätte ich nicht hineinschauen sollen? Es ist doch gar nichts drinnen.« Da sah die Frau ihn lange an, dann wandte sie sich um und ging fort. Der Mann hat sie nie wieder gesehen. Die Sternmädchenfrau war in den Himmel zurückgekehrt.

*Käthe Recheis*

### Andere Augen

Ein Kind sagt zu seiner Mutter: »Gelt, der Himmel ist doch da oben?«, und es zeigt in die Luft. »Welchen Himmel meinst du?«, fragt die Mutter. »Ei, den Himmel«, sagt das Kind.» Meinst du den Himmel, an dem die Wolken sind und wo die Flugzeuge fliegen?«, fragt die Mutter geduldig weiter. »Nein, den richtigen Himmel«, antwortet das Kind, »wo die Engel sind.« Da sagt die Mutter: »Der Himmel, den du meinst, ist dort, wo Gott ist, und Gott ist überall. Deshalb ist auch der Himmel nicht irgendwo über uns, sondern überall – in uns und um uns herum. Wir können ihn nur noch nicht sehen, weil Gott uns zuerst andere Augen und ein anderes Herz geben muss.«

*Gerhard Lohfink*

# A 27

## Was leise ist und doch gehört wird

Wenn der Wind durchs Gatter geht,
hört man's leise knarren,
wo im Haus ein Mäuslein gräbt,
hörst du's heimlich scharren.
Und wer still ist, hört den Tau
in die Blätter tappen
und die Katze pfötchenschlau
aus dem Milchtopf schlappen.
Gott ist still, und Gott hört gut,
kennt uns an Geräuschen,
und wie leis ein Dieb auch tut,
ihn kann niemand täuschen.

*Christine Busta*

### Geräusch der Grille – Geräusch des Geldes

Eines Tages verließ ein Indianer das Reservat (ein Reservat ist ein Schutzgebiet für Indianer, in dem sie wie ihre Vorfahren frei leben können) und besuchte einen weißen Mann, mit dem er befreundet war. In einer Stadt zu sein, mit all dem Lärm, den Autos und den vielen Menschen um sich – all dies war ganz neuartig und auch ein wenig verwirrend für den Indianer. Die beiden Männer gingen die Straße entlang, als plötzlich der Indianer seinem Freund auf die Schulter tippte und ruhig sagte: »Bleib einmal stehen. Hörst du auch, was ich höre?«
Der weiße Freund des roten Mannes horchte, lächelte und sagte dann: »Alles, was ich höre, ist das Hupen der Autos und das Rattern der Omnibusse. Und dann freilich auch die Stimmen und die Schritte der vielen Menschen. Was hörst du denn?« »Ich höre ganz in der Nähe eine Grille zirpen«, antwortete der Indianer. Wieder horchte der weiße Mann. Er schüttelte den Kopf. »Du musst dich täuschen«, meinte er dann, »hier gibt es keine Grillen. Und selbst wenn es hier irgendwo eine Grille gäbe, würde man doch ihr Zirpen bei dem Lärm, den die Autos machen, nicht hören.« Der Indianer ging ein paar Schritte. Vor einer Hauswand blieb er stehen. Wilder Wein rankte an der Mauer. Er schob die Blätter auseinander, und da – sehr zum Erstaunen des weißen Mannes – saß tatsächlich eine Grille, die laut zirpte. Nun, da der weiße Mann die Grille sehen konnte, fiel auch ihm das Geräusch auf, das sie von sich gab. Als sie weitergegangen waren, sagte der Weiße nach einer Weile zu seinem Freund, dem Indianer: »Natürlich hast du die Grille hören können. Dein Gehör ist eben besser geschult als meines. Indianer können besser hören als Weiße.« Der Indianer lächelte, schüttelte den Kopf und erwiderte: »Da täuschst du dich, mein Freund. Das Gehör eines Indianers ist nicht besser und nicht schlechter als das eines weißen Mannes. Pass auf, ich will es dir beweisen.«
Er griff in die Tasche, holte ein 50-Cent-Stück hervor und warf es auf das Pflaster. Es klimperte auf dem Asphalt, und Leute, die mehrere Meter von dem weißen und dem roten Mann entfernt gingen, wurden auf das Geräusch aufmerksam und sahen sich um. Endlich hob einer das Geldstück auf, steckte es ein und ging seines Weges. »Siehst du«, sagte der Indianer zu seinem Freund, »das Geräusch, das das 50-Cent-Stück gemacht hat, war nicht lauter als das der Grille, und doch hörten es viele der weißen Männer und drehten sich danach um, während das Geräusch der Grille niemand hörte außer mir. Der Grund dafür liegt nicht darin, dass das Gehör der Indianer besser ist. Der Grund liegt darin, dass wir alle stets das gut hören, worauf wir zu achten gewohnt sind.«

*Frederik Hetmann*

### Ich will auf das Leise hören

*T und M: Wolfgang Longardt*

# A 28

## Zuhören können

Momo konnte so zuhören, dass dummen Leuten plötzlich sehr gescheite Gedanken kamen. Nicht etwa, weil sie etwas sagte oder fragte, was den anderen auf solche Gedanken brachte, nein, sie saß nur da und hörte zu mit aller Anteilnahme und Aufmerksamkeit. Dabei schaute sie den anderen mit ihren großen dunklen Augen an, und der Betreffende fühlte, wie in ihm auf einmal Gedanken auftauchten, von denen er nie geahnt hatte, dass sie in ihm steckten. Sie konnte so zuhören, dass ratlose und unentschlossene Leute auf einmal ganz genau wussten, was sie wollten. Oder dass Schüchterne sich plötzlich frei und mutig fühlten. Oder dass Unglückliche und Bedrückte zuversichtlich und froh wurden. Und wenn jemand meinte, sein Leben sei ganz verfehlt und bedeutungslos und er selbst nur irgendeiner unter Millionen, einer, auf den es überhaupt nicht ankommt und der ebenso schnell ersetzt werden kann wie ein kaputter Topf – und er ging hin und erzählte alles das der kleinen Momo, dann wurde ihm, noch während er redete, auf geheimnisvolle Weise klar, dass er sich gründlich irrte, dass es ihn, genauso wie er war, unter allen Menschen nur ein einziges Mal gab und dass er deshalb auf seine besondere Weise für die Welt wichtig war. So konnte Momo zuhören!

*Michael Ende*

### Gott ruft Samuel

Samuel war ein Junge. Er lebte in Israel. Samuel schlief im Tempel Gottes, wo die Lade Gottes stand.

Er half dem alten Priester Eli. Eines Nachts rief Gott den Samuel. Samuel wusste nicht, dass es Gott war, der ihn rief. Er stand auf, lief zu Eli und sagte: »Hier bin ich, du hast mich gerufen.« Eli erwiderte: »Ich habe dich nicht gerufen. Geh wieder schlafen!« Da ging er und legte sich wieder schlafen.

Gott, der Herr rief noch einmal: »Samuel!« Samuel stand auf und ging zu Eli und sagte: »Hier bin ich, du hast mich gerufen.« Eli erwiderte: »Ich habe dich nicht gerufen, mein Sohn. Geh wieder schlafen!«

Da rief der Herr den Samuel wieder, zum dritten Mal. Er stand auf und ging zu Eli und sagte: »Hier bin ich, du hast mich gerufen.« Da merkte Eli, dass Gott den jungen Samuel gerufen hatte.

Eli sagte zu Samuel: »Geh, leg dich schlafen! Wenn er dich wieder ruft, dann antworte: Rede, Herr; denn dein Diener hört.« Samuel ging und legte sich an seinem Platz nieder.

Da kam der Herr, trat zu ihm heran und rief wie die vorigen Male: »Samuel, Samuel!« Und Samuel antwortete: »Rede, Herr, denn dein Diener hört.«

Samuel wuchs heran, und der Herr war mit ihm und ließ keines von all seinen Worten unerfüllt.

*Nach 1 Samuel 3,3b– 10.19*

*Toni Zenz, Der Hörende*

# A 29

## Heilung eines Taubstummen

Menschen brachten einen Taubstummen zu Jesus. Er konnte nicht hören und nicht reden. Die Leute baten Jesus: »Berühre ihn, damit er gesund wird.« Jesus ging mit dem Taubstummen von den Menschen weg, legte ihm die Finger in die Ohren und berührte dann die Zunge des Mannes mit Speichel; danach blickte er zum Himmel auf, und sagte zu dem Taubstummen: »Effata!«, das heißt: Öffne dich!

Sogleich öffneten sich seine Ohren, seine Zunge wurde von ihrer Fessel befreit, und er konnte richtig hören und reden.

Jesus verbot ihnen, jemand davon zu erzählen. Doch je mehr er es ihnen verbot, desto mehr erzählten sie es weiter. Außer sich vor Staunen sagten sie: »Er hat alles gut gemacht; er macht, dass die Tauben hören und die Stummen sprechen.«

*Nach Markus 7, 31–37*

Schreibe unter das Bild, was du von der Botschaft Jesu verstanden hast!

_____

_____

_____

### Wer Ohren hat zu hören, der höre

Mit diesem Satz beginnt oder beendet Jesus in der Bibel oft eine Rede. Wir sollen uns bemühen, gut auf Gottes Wort zu hören. Um uns daran zu erinnern, machen wir im Gottesdienst vor der Verkündigung des Evangeliums, der frohen Botschaft, ein kleines Kreuz

 auf die Stirn  Wir sollen Gottes Wort verstehen und begreifen.

 auf den Mund  Wir sollen Gottes Wort weitersagen.

 auf das Herz  Wir sollen Gottes Wort im Herzen bewahren und danach leben.

# A 30

# Von der besten und der schlechtesten Sache der Welt

Eines Tages entschloss sich der große Herrscher der Welt, Obatalah, die Herrschaft über die Welt in die Hände eines anderen zu legen. Der Erste, an den er dachte, war sein treuer Gehilfe Orula. Doch Orula war noch jung, und Obatalah befürchtete, dass er nicht genügend Erfahrung für eine so schwere Aufgabe haben würde. Und er sagte sich, dass er seine Klugheit auf die Probe stellen werde. Er ließ ihn holen und befahl, dass er ihm die beste Speise bereite, die er bereiten könne. Orula gehorchte und begab sich auf den Markt. Eine Weile schaute er sich um, was zu kaufen wäre, und schließlich erwarb er eine Rindszunge. Zu Hause kochte er die Zunge schön, würzte sie und brachte sie dann dem großen Herrscher. Obatalah kostete die Zunge und war zufrieden. Noch nie hatte er so etwas Gutes gegessen. »Aber sage mir, Orula, warum du gerade eine Zunge gewählt hast, als du auf dem Markt einkaufen warst?« »Großer Herrscher«, antwortete Orula, »eine Zunge ist eine wichtige Sache. Mit der Zunge kannst du eine gute Arbeit loben und jenem danken, der eine gute Tat vollbracht hat. Mit der Zunge kannst du gute Nachrichten verkünden und die Menschen auf den rechten Weg führen. Mit der Zunge kannst du den Menschen erhöhen und ihn zum Herrscher machen.« »Alles, was du sagst, stimmt«, sagte Obatalah und dachte sich: Orula ist ja doch ein sehr weiser Mann. Doch der große Herrscher entschloss sich, Orula noch einmal auf die Probe zu stellen, und er sprach zu ihm: »Du hast mir die beste Speise der Welt bereitet, jetzt wünsche ich, dass du mir die schlechteste Speise bereitest, die du dir ausdenken kannst.« Orula ging abermals auf den Markt und erwarb wieder eine Rindszunge. Er brachte sie nach Hause, kochte sie, würzte sie und trug sie zu Obatalah. Als der große Herrscher auf der Schüssel abermals eine Zunge sah, wunderte er sich und sprach: »Zuerst hast du mir eine Zunge als beste Sache der Welt gebracht, jetzt bringst du sie mir als schlechteste Sache der Welt. Wie willst du mir das erklären?« »Großer Herrscher«, antwortete Orula, »die Zunge ist eine sehr wichtige Sache. Mit der Zunge kannst du den Menschen zur Arbeit antreiben und seinen guten Ruf vernichten. Mit der Zunge kannst du die Menschen ins Verderben stoßen und sie um ihren Lebensunterhalt bringen. Mit der Zunge kannst du deine Heimat verraten und dein Volk in Knechtschaft stürzen.« Als das Obatalah hörte, sagte er zu Orula: »Alles, was du sagst, ist wahr. Obwohl du jung bist, bist du ein sehr weiser Mann.« Und er legte die Herrschaft über die Welt in seine Hände.

*Aus Kuba*

## Die drei Siebe

Ganz aufgeregt kam einer zum weisen Sokrates gelaufen: »Höre, Sokrates, das muss ich dir erzählen, wie dein Freund …«

»Halt ein!«, unterbrach ihn der Weise. »Hast du das, was du mir sagen willst, durch die drei Siebe gesiebt?« »Drei Siebe?«, fragte der andere voll Verwunderung.

»Ja, drei Siebe. Das erste Sieb ist die *Wahrheit*. Hast du alles, was du mir erzählen willst, geprüft, ob es wahr ist?« »Nein, ich hörte es erzählen und …«

»So, so. Aber sicher hast du es mit dem zweiten Sieb geprüft, es ist die *Güte*. Ist, was du mir erzählen willst – wenn schon nicht als wahr erwiesen –, so doch wenigstens gut?« »Nein, das nicht, im Gegenteil …«

Der Weise unterbrach ihn: »Lass uns auch das dritte Sieb noch anwenden und fragen, ob es *notwendig* ist, mir das zu erzählen, was dich so erregt.« »Notwendig nun gerade nicht …«

»Also«, lächelte der Weise, »wenn das, was du mir erzählen willst, weder wahr noch gut noch notwendig ist, so lass es begraben sein und belaste dich und mich nicht damit!«

*Überliefert*

## Die Zunge

Der Apostel Jakobus schreibt an seine Gemeinde: »Wenn wir den Pferden den Zaum anlegen, damit sie uns gehorchen, lenken wir damit das ganze Tier. Oder denkt an die Schiffe: Sie sind groß und werden von starken Winden getrieben, und doch lenkt sie der Steuermann mit einem ganz kleinen Steuer, wohin er will. So ist auch die Zunge nur ein kleines Körperglied und rühmt sich doch großer Dinge. Und wie klein kann ein Feuer sein, das einen großen Wald in Brand steckt. Auch die Zunge ist ein Feuer, eine Welt voll Ungerechtigkeit. Die Zunge ist der Teil, der den ganzen Menschen verdirbt und das Rad des Lebens in Brand setzt. Denn jede Art von Tieren, auf dem Land und in der Luft, was am Boden kriecht und was im Meer schwimmt, lässt sich zähmen und ist vom Menschen auch gezähmt worden; doch die Zunge kann kein Mensch zähmen, dieses ruhelose Übel, voll von tödlichem Gift. Mit ihr preisen wir den Herrn und Vater, und mit ihr verfluchen wir die Menschen, die als Abbild Gottes erschaffen sind. Aus ein und demselben Mund kommen Segen und Fluch.«

*Nach Jakobus 3, 1–12*

# A 31

## Das Zauberwort

Zur Zeit des Herodes, des Königs von Judäa, lebte ein Priester namens Zacharias. Seine Frau hieß Elisabet. Sie hatten keine Kinder und Elisabet war schon alt.

Eines Tages fiel Zacharias die Aufgabe zu, im Tempel des Herrn das Rauchopfer darzubringen. Während er nun zur festgelegten Zeit das Opfer darbrachte, stand das ganze Volk draußen und betete. Da erschien dem Zacharias ein Engel des Herrn. Als Zacharias ihn sah, erschrak er, und es befiel ihn Furcht. Der Engel aber sagte zu ihm: »Fürchte dich nicht, Zacharias! Dein Gebet ist erhört worden. Deine Frau Elisabet wird dir einen Sohn gebären; dem sollst du den Namen Johannes geben.« Zacharias sagte zu dem Engel: »Woran soll ich erkennen, dass das wahr ist? Ich bin ein alter Mann, und auch meine Frau ist in vorgerücktem Alter.« Der Engel erwiderte ihm: »Ich bin Gabriel, der vor Gott steht, und ich bin gesandt worden, um mit dir zu reden und dir diese frohe Botschaft zu bringen. Aber weil du meinen Worten nicht geglaubt hast, die in Erfüllung gehen, wenn die Zeit dafür da ist, sollst du stumm sein und nicht mehr reden können, bis zu dem Tag, an dem all das eintrifft.«

Inzwischen wartete das Volk auf Zacharias und wunderte sich, dass er so lange im Tempel blieb. Als er dann herauskam, konnte er nicht mit ihnen sprechen. Da merkten sie, dass er im Tempel eine Erscheinung gehabt hatte. Er gab ihnen nur Zeichen mit der Hand und blieb stumm.

Für Elisabet kam die Zeit der Niederkunft, und sie brachte einen Sohn zur Welt. Ihre Nachbarn und Verwandten hörten, welch großes Erbarmen der Herr ihr erwiesen hatte, und freuten sich mit ihr. Am achten Tag kamen sie und wollten ihm den Namen seines Vaters Zacharias geben. Seine Mutter aber widersprach ihnen und sagte: »Nein, er soll Johannes heißen.« Sie antworteten ihr: »Es gibt doch niemand in deiner Verwandtschaft, der so heißt.« Da fragten sie seinen Vater durch Zeichen, welchen Namen das Kind haben solle. Er verlangte ein Schreibtäfelchen und schrieb zum Erstaunen aller darauf: Sein Name ist Johannes. Im gleichen Augenblick konnte er Mund und Zunge wieder gebrauchen, und er redete und pries Gott.

*Nach Lukas 1*

### Im Anfang war das Wort

Im Anfang war das Wort, und das Wort war bei Gott, und das Wort war Gott.
Im Anfang war es bei Gott.
Alles ist durch das Wort geworden, und ohne das Wort wurde nichts, was geworden ist.
In ihm war das Leben, und das Leben war das Licht der Menschen.
Und das Licht leuchtet in der Finsternis, und die Finsternis hat es nicht erfasst.
Und das Wort ist Fleisch geworden und hat unter uns gewohnt, und wir haben seine Herrlichkeit gesehen, die Herrlichkeit des einzigen Sohnes vom Vater, voll Gnade und Wahrheit.

*Johannes 1,1– 14*

Schläft ein Lied in allen Dingen,
die da träumen fort und fort,
und die Welt fängt an zu singen,
triffst du nur das Zauberwort.

*Josef von Eichendorff*

_____

_____

_____

_____

_____

_____

_____

_____

Schreibe »Zauberworte« auf, die dir den Zugang zu den Menschen erleichtern.

# A 32

## Ich habe dich bei deinem Namen gerufen

Der Name macht den Menschen und alles, was Gott geschaffen hat, einzigartig und unverwechselbar.
Wenn ein Kind getauft wird, werden die Eltern gefragt: Welchen Namen haben Sie Ihrem Kind gegeben?
Schreibe in das Kästchen hier mit bunten Stiften in schönen Buchstaben deinen Namen:

Gott ruft uns bei unserem Namen und gibt uns auch Ehrennamen, so wie bei seinem Volk Israel:
*Ich gebe dir verborgene Schätze und Reichtümer, die im Dunkel versteckt sind. So sollst du erkennen, dass ich der Herr bin, der dich bei deinem Namen ruft, ich, Israels Gott.*
*Um meines Knechtes Jakob willen, um Israels, meines Erwählten willen habe ich dich bei deinem Namen gerufen; ich habe dir einen Ehrennamen gegeben, ohne dass du mich kanntest.*
*(Jesaja 45,3– 4)*

Am Anfang der Bibel wird erzählt, wie Gott die Welt erschaffen hat. Die Menschen gaben allen Dingen Namen, heißt es da:
*Gott, der Herr, formte aus dem Ackerboden alle Tiere des Feldes und alle Vögel des Himmels und führte sie dem Menschen zu, um zu sehen, wie er sie benennen würde. Und wie der Mensch jedes lebendige Wesen benannte, so sollte es heißen.*
*Der Mensch gab Namen allem Vieh, den Vögeln des Himmels und allen Tieren des Feldes.*
*(Genesis 2,19– 20)*

Andere Geschichten aus der Bibel erzählen von neuen Namen, die Gott oder Jesus den Menschen gibt. Du kannst es in der Bibel nachlesen: Aus Abram wird Abraham; aus Jakob wird Israel; aus Simon wird Petrus; aus Saulus wird Paulus.
Am brennenden Dornbusch sagt Gott dem Mose seinen Namen. Lies die Geschichte nach und schreibe den Namen Gottes hierhin:

Die Indianer gaben den Menschen Namen nach ihrem Verhalten oder dem, was ihnen passiert ist, z. B. »Der mit dem Wolf tanzt«. Wenn du dir selbst einen Namen in dieser Art geben wolltest, wie würdest du dich nennen?

Frage auch deine Freunde, welchen Namen sie dir geben würden!

# A 33

## Das Herz

Jesus erzählte den Leuten vom Reich Gottes, in dem alle Menschen froh sein dürfen. Er sagte: »Ihr müsst keine Angst haben, denn im Reich Gottes wird niemand mehr weinen und traurig sein. Ihr könnt selbst mithelfen, damit es schon jetzt weiter wächst: Verkauft alles, was in eurem Leben überflüssig ist. Schenkt das Geld den Armen, damit auch sie froh und zufrieden leben können. Sammelt euch Schätze im Himmel und nicht auf der Erde. Denn wo euer Schatz ist, da ist auch euer Herz.«

*Nach Lukas 12,32–48*

 Schreibe in das Herz Sprichworte oder andere spontane Dinge, die dir zum Stichwort »Herz« einfallen!

### Man sieht nur mit dem Herzen gut

So machte denn der kleine Prinz den Fuchs mit sich vertraut. Und als die Stunde des Abschieds nahe war: »Ach!«, sagte der Fuchs, »ich werde weinen.« »Das ist deine Schuld,« sagte der kleine Prinz, »ich wünschte dir nichts Übles, aber du hast gewollt, dass ich dich zähme …« »Gewiss«, sagte der Fuchs. »Aber nun wirst du weinen!«, sagte der kleine Prinz. »Bestimmt«, sagte der Fuchs. »So hast du also nichts gewonnen.« »Ich habe«, sagte der Fuchs, »die Farbe des Weizens gewonnen.« Dann fügte er hinzu: »Geh die Rosen wieder anschauen. Du wirst begreifen, dass die deine einzig ist in der Welt. Du wirst wiederkommen und mir adieu sagen, und ich werde dir ein Geheimnis schenken.« Der kleine Prinz ging, die Rosen wiederzusehen. Und er kam zum Fuchs zurück: »Adieu«, sagte er. »Adieu«, sagte der Fuchs. »Hier mein Geheimnis. Es ist ganz einfach: Man sieht nur mit dem Herzen gut. Das Wesentliche ist für die Augen unsichtbar.« »Das Wesentliche ist für die Augen unsichtbar«, wiederholte der kleine Prinz, um es sich zu merken. »Die Zeit, die du für deine Rose verloren hast, sie macht deine Rose so wichtig.« »Die Zeit, die ich für meine Rose verloren habe …«, sagte der kleine Prinz um es sich zu merken.

»Die Menschen haben diese Wahrheit vergessen«, sagte der Fuchs. »Aber du darfst sie nicht vergessen. Du bist zeitlebens für das verantwortlich, was du dir vertraut gemacht hast. Du bist für deine Rose verantwortlich …« »Ich bin für meine Rose verantwortlich …«, wiederholte der kleine Prinz, um es sich zu merken.

*Antoine de Saint-Exupéry*

# A 34

## Liebt einander!

Jesus sagte zu seinen Freunden:
»Wie mich der Vater geliebt hat, so habe auch ich euch geliebt. Bleibt in meiner Liebe! Wenn ihr meine Gebote haltet, werdet ihr in meiner Liebe bleiben, so wie ich die Gebote meines Vaters gehalten habe und in seiner Liebe bleibe. Dies habe ich euch gesagt, damit meine Freude in euch ist und damit eure Freude vollkommen wird.
Das ist mein Gebot: Liebt einander, so wie ich euch geliebt habe. Es gibt keine größere Liebe, als wenn einer sein Leben für seine Freunde hingibt. Ihr seid meine Freunde, wenn ihr tut, was ich euch auftrage.«

*Nach Johannes 15,9–17*

### Schweige und höre

*T: Michael Hermes nach Worten des Hl. Benedikt*
*M: aus England*

Jesus hat uns das größte und wichtigste Gebot aufgetragen, damit wir es im Herzen bewahren:

Du sollst den Herren, deinen Gott
lieben mit ganzem Herzen,
mit ganzer Seele und mit allen
deinen Gedanken.
Du sollst deinen Nächsten
lieben wie dich
selbst.

### Mein Herz ist bereit

Mein Herz ist bereit, o Gott, mein Herz ist bereit.
Ich will dir singen und spielen.

*Psalm 57,8*

# A 35

## Was aus dem Herzen kommt

Jesus sagte zu den Leuten: »Hört mir alle zu und begreift, was ich sage: Nichts, was von außen in den Menschen hinein kommt, kann ihn unrein machen, sondern was aus dem Menschen herauskommt, das macht ihn unrein.« Er verließ die Menge und ging in ein Haus. Da fragten ihn seine Jünger nach dem Sinn dieses rätselhaften Wortes. Er antwortete ihnen: »Begreift auch ihr nicht? Seht ihr nicht ein, dass das, was von außen in den Menschen hineinkommt, ihn nicht unrein machen kann? Denn es gelangt ja nicht in sein Herz, sondern in den Magen und wird wieder ausgeschieden.« Weiter sagte er: »Was aus dem Menschen herauskommt, das macht ihn unrein. Denn von innen, aus dem Herzen der Menschen, kommen die bösen Gedanken, Diebstahl, Mord, Ehebruch, Habgier, Bosheit, Hinterlist, Ausschweifung, Neid, Verleumdung, Hochmut und Unvernunft. All dieses Böse kommt von innen und macht den Menschen unrein.«

*Nach Markus 7*

### Giacomo, der Kristall

Giacomo ist kein Junge wie jeder andere. Er ist ein besonderes Kind, denn jeder kann ganz deutlich erkennen, was Giacomo denkt. Er ist so ganz offen und ehrlich. Alle können ihm trauen und sich auf ihn verlassen, wenn er etwas sagt. Deshalb fühlen die Menschen sich in seiner Nähe wohl und nennen ihn: Giacomo, der Kristall.

Eines Tages kommt in dem Land, in dem Giacomo lebt, ein schlimmer König auf den Thron. Alle, die nicht seiner Meinung sind, lässt er ins Gefängnis werfen. Viele trauen sich nicht mehr, etwas gegen ihn zu sagen, weil sie große Angst vor ihm haben. Giacomo kann seine Gedanken nicht verbergen. Alle können sehen, dass er den König für einen schlechten Menschen hält. Das macht den Leuten, die so denken wie Giacomo, Mut und Hoffnung. Der König merkt, dass viele Menschen, die die gleichen Gedanken haben wie Giacomo, miteinander sprechen und gemeinsam handeln wollen. Deshalb lässt der König Giacomo ins Gefängnis werfen. Er kommt in den finstersten Kerker, und der König denkt, nun habe er Ruhe.

Doch da beginnt Giacomos Herz zu leuchten. Es leuchtet durch die Gefängnismauern hindurch bis in den Palast des Königs. Selbst in der Nacht dringt das Licht in das Schlafgemach des Königs, und der König findet keine Ruhe mehr.

*Nach Gianni Rodari*

Schreibe in die grauen Felder, was an Bösem aus dem Herzen der Menschen kommen kann!

# A 36

## Meine Familie

Male in den Kasten die Mitglieder deiner Familie:

Und hier kannst du aufschreiben, was du an deinen Eltern und Geschwistern besonders magst:

Welche Menschen hast du noch besonders gern? Zeichne sie oder schreibe ihren Namen hier hinein.

# A 37

## Heilige Familie

Hier siehst du die »heilige Familie«, Maria, Josef und Jesus. Sie sind mit einem Esel unterwegs. Sie sind auf der Flucht. In den beiden Geschichten kannst du nachlesen, was Jesus als kleines Kind erlebt hat.

### Jesus und Simeon

Als acht Tage nach der Geburt Jesu vorbei waren, gab man ihm den Namen Jesus, den der Engel Maria genannt hatte, als er zu ihr kam.
Wie es das Gesetz der Juden vorschrieb, gingen Maria und Josef mit Jesus nach acht Tagen nach Jerusalem hinauf, um ihn Gott im Tempel vorzustellen. Als Dankopfer wollten sie zwei junge Tauben opfern. In Jerusalem lebte damals ein alter Mann namens Simeon. Er wartete sehnsüchtig auf den Messias, den Retter Israels. Jetzt wurde er vom Heiligen Geist in den Tempel geführt, und als die Eltern Jesus hereinbrachten, nahm Simeon das Kind in seine Arme und pries Gott mit den Worten:
»Nun lässt du, Herr, deinen Knecht, wie du gesagt hast, in Frieden scheiden. Denn meine Augen haben das Heil gesehen, das du vor allen Völkern bereitet hast, ein Licht, das die Heiden erleuchtet, und Herrlichkeit für dein Volk Israel.«
Maria und Josef staunten über die Worte, die über Jesus gesagt wurden.
Als seine Eltern alles getan hatten, was das Gesetz des Herrn vorschreibt, kehrten sie nach Galiläa in ihre Stadt Nazaret zurück. Das Kind wuchs heran und wurde kräftig; Gott erfüllte es mit Weisheit, und seine Gnade ruhte auf ihm.

*Nach Lukas 2,21–40*

### Josefs Traum

Als die Sterndeuter wieder gegangen waren, erschien dem Josef im Traum ein Engel des Herrn und sagte: »Steh auf, nimm das Kind und seine Mutter und flieh nach Ägypten; dort bleibe, bis ich dir etwas anderes auftrage, denn Herodes wird das Kind suchen, um es zu töten.« Da stand Josef in der Nacht auf und floh mit dem Kind und dessen Mutter nach Ägypten. Dort blieb er bis zum Tod des Herodes.

*Nach Matthäus 2,13–15*

Schreibe hier hinein, mit welchen Worten Simeon Jesus bezeichnet!

# A 38

# Wenn ihr nicht werdet wie die Kinder

## Jesus und die Kinder

1. Als der Herr die Stadt besucht, bleiben viele stehn, drängen sich um ihn herum, wollen Jesus sehn. Leute mit und ohne Geld hören Jesus zu, wollen immer mehr von ihm, geben keine Ruh.

2. Kinder kommen auch herbei,
   Kinder, groß und klein,
   wollen auch gern zu ihm gehn,
   wollen bei ihm sein.
   »Schert euch weg! Ihr seid zu klein!«
   Bös ist manches Wort.
   Und die Großen jagen so alle Kinder fort.

3. Aber Jesus ruft sogleich: »Kinder, groß und klein,
   kommt, ich warte doch auf euch!
   Ihr sollt bei mir sein!«
   Zu den Großen sagt er dann: »Überlegt das nun,
   und nehmt mich so bei euch auf,
   wie's die Kinder tun!«

*T: Rolf Krenzer   M: Detlev Jöcker*

Jesus erzählte den Menschen die frohe Botschaft vom Reich Gottes. Viele hörten ihm zu. Männer und Frauen. Auch die Freunde Jesu, die Jünger, waren bei ihm. Da kamen Mütter, die ihre Kinder mitbrachten, große und kleine. Die Jünger sagten: »Was wollen denn die Kinder hier? Jesus redet nur für große Leute. Geht weg!« Als Jesus das hörte, wurde er traurig.
Er sagte: »Lasst die Kinder! Sie sollen bei mir sein. Gott hat die Kinder besonders lieb.« Und er nahm sie in die Arme, legte ihnen die Hände auf und segnete sie so. Und zu den großen Leuten sagte er: »Wenn ihr nicht so offen und frei, so ehrlich und froh werdet wie die Kinder, wenn ihr nicht lieben könnt wie sie, dann kommt ihr nie in das Reich Gottes.«

*Nach Markus 10,13–16*

**Wir Kinder**
Viele Leute sagen zu mir:
Das darfst du nicht,
das verstehst du noch nicht,
du bist noch ein Kind.
Du musst erst noch wachsen
und viel lernen.
Ich kenne auch Erwachsene,
die Kinder unfreundlich behandeln,
ihnen alles verbieten,
sie anschreien und kommandieren.
Lieber Gott,
sind wir Kinder
noch keine richtigen Menschen?

*Detlev Block*

**Ein Kind in der Mitte**
Jesus zog mit seinen Freunden durch das Land Galiläa. Sie kamen in den Ort Kafarnaum. Als Jesus im Haus war, fragte er seine Freunde: »Worüber habt ihr unterwegs gesprochen?« Sie schwiegen, denn sie hatten unterwegs miteinander darüber gesprochen, wer von ihnen der Größte und der Wichtigste sei.
Da setzte er sich, rief alle, damit sie ihm zuhörten und sagte zu ihnen: »Wer der Erste sein will, soll der Letzte von allen und der Diener aller sein.«
Da kam ein Kind. Jesus rief es zu sich. Er stellte das Kind in ihre Mitte, nahm es in seine Arme und sagte zu ihnen: »Wer ein solches Kind um meinetwillen aufnimmt, der nimmt mich auf; wer aber mich aufnimmt, der nimmt nicht nur mich auf, sondern den, der mich gesandt hat.«

*Nach Markus 9,30–37*

# A 39

## Gott wird Kind

In jenen Tagen erließ Kaiser Augustus den Befehl, alle Bewohner des Reiches in Steuerlisten einzutragen. Da ging jeder in seine Stadt, um sich eintragen zu lassen. So zog auch Josef von der Stadt Nazaret in Galiläa hinauf nach Judäa in die Stadt Davids, die Betlehem heißt; denn er war aus dem Haus und Geschlecht Davids. Er wollte sich eintragen lassen mit Maria, seiner Verlobten, die ein Kind erwartete. Als sie dort waren, kam für Maria die Zeit ihrer Niederkunft, und sie gebar ihren Sohn, den Erstgeborenen. Sie wickelte ihn in Windeln und legte ihn in eine Krippe, weil in der Herberge kein Platz für sie war.

In jener Gegend lagerten Hirten auf freiem Feld und hielten Nachtwache bei ihrer Herde. Da trat der Engel des Herrn zu ihnen, und der Glanz des Herrn umstrahlte sie. Sie fürchteten sich sehr, der Engel aber sagte zu ihnen: »Fürchtet euch nicht, denn ich verkünde euch eine große Freude, die dem ganzen Volk zuteil werden soll: Heute ist euch in der Stadt Davids der Retter geboren; er ist der Messias, der Herr. Und das soll euch als Zeichen dienen: Ihr werdet ein Kind finden, das, in Windeln gewickelt, in einer Krippe liegt.« Und plötzlich war bei dem Engel ein großes himmlisches Heer, das Gott lobte und sprach: »Verherrlicht ist Gott in der Höhe, und auf Erden ist Friede bei den Menschen seiner Gnade.«

Als die Engel sie verlassen hatten und in den Himmel zurückgekehrt waren, sagten die Hirten zueinander: »Kommt, wir gehen nach Betlehem, um das Ereignis zu sehen, das uns der Herr verkünden ließ.« So eilten sie hin und fanden Maria und Josef und das Kind, das in der Krippe lag. Als sie es sahen, erzählten sie, was ihnen über dieses Kind gesagt worden war. Und alle, die es hörten, staunten über die Worte der Hirten. Maria aber bewahrte alles, was geschehen war, in ihrem Herzen und dachte darüber nach. Die Hirten kehrten zurück, rühmten Gott und priesen ihn für das, was sie gehört und gesehen hatten; denn alles war so gewesen, wie es ihnen gesagt worden war.

### Die Geburt Jesu

Mit der Geburt Jesu Christi war es so: Maria, seine Mutter, war mit Josef verlobt; noch bevor sie zusammengekommen waren, zeigte sich, dass sie ein Kind erwartete – durch das Wirken des Heiligen Geistes. Josef, ihr Mann, der gerecht war und sie nicht bloßstellen wollte, beschloss, sich in aller Stille von ihr zu trennen. Während er noch darüber nachdachte, erschien ihm ein Engel des Herrn im Traum und sagte: »Josef, Sohn Davids, fürchte dich nicht, Maria als deine Frau zu dir zu nehmen; denn das Kind, das sie erwartet, ist vom Heiligen Geist. Sie wird einen Sohn ge-

bären; ihm sollst du den Namen Jesus geben; denn er wird sein Volk von seinen Sünden erlösen.«

Als Josef erwachte, tat er, was der Engel des Herrn ihm befohlen hatte, und nahm seine Frau zu sich. Sie gebar ihren Sohn und er gab ihm den Namen Jesus.

Als Jesus zur Zeit des Königs Herodes in Betlehem in Judäa geboren worden war, kamen Sterndeuter aus dem Osten nach Jerusalem und fragten: »Wo ist der neugeborene König der Juden? Wir haben seinen Stern aufgehen sehen und sind gekommen, um ihm zu huldigen.« Als König Herodes das hörte, erschrak er und mit ihm ganz Jerusalem. Er ließ alle Hohenpriester und Schriftgelehrten des Volkes zusammenkommen und erkundigte sich bei ihnen, wo der Messias geboren werden solle. Sie antworteten ihm: »In Betlehem in Judäa«; danach rief Herodes die Sterndeuter heimlich zu sich und ließ sich von ihnen genau sagen, wann der Stern erschienen war. Dann schickte er sie nach Betlehem und sagte: »Geht und forscht sorgfältig nach, wo das Kind ist; und wenn ihr es gefunden habt, berichtet mir, damit auch ich hingehe und ihm huldige.«

Nach diesen Worten des Königs machten sie sich auf den Weg. Und der Stern, den sie hatten aufgehen sehen, zog vor ihnen her bis zu dem Ort, wo das Kind war; dort blieb er stehen. Als sie den Stern sahen, wurden sie von sehr großer Freude erfüllt. Sie gingen in das Haus und sahen das Kind und Maria, seine Mutter; da fielen sie nieder und huldigten ihm. Dann holten sie ihre Schätze hervor und brachten ihm Gold, Weihrauch und Myrrhe als Gaben dar. Weil ihnen aber im Traum geboten wurde, nicht zu Herodes zurückzukehren, zogen sie auf einem anderen Weg heim in ihr Land.

*Nach Lukas 2,1– 20 und Matthäus 1,18– 2,12*

# A 40

## Kinder

Die Eltern Jesu gingen jedes Jahr zum Paschafest nach Jerusalem. Als er zwölf Jahre alt geworden war, durfte Jesus das erste Mal mit. Das war eine Aufregung! Die vielen Leute unterwegs und dann in Jerusalem beim Fest! Nachdem die Festtage zu Ende waren, machten sie sich auf den Heimweg. Maria und Josef dachten, Jesus wäre bei seinen Freunden und abends beim Nachtlager würden sie ihn wieder treffen. So bemerkten sie nicht, dass Jesus in Jerusalem blieb.

Abends war er nicht da. Sie suchten ihn überall, bei den Verwandten und Bekannten. Als sie ihn nicht fanden, kehrten sie nach Jerusalem zurück und suchten ihn dort. Nach drei langen Tagen, an denen sie sich gesorgt und geängstigt hatten, fanden sie ihn im Tempel, dem Gotteshaus der Juden. Er saß mitten unter den Lehrern, hörte ihnen zu und stellte Fragen. Alle, die ihn hörten, waren erstaunt über sein Verständnis und über seine Antworten. Als seine Eltern ihn sahen, waren sie froh und böse zugleich. Maria sagte zu Jesus: »Kind, wie konntest du uns das antun? Dein Vater und ich haben dich voll Angst gesucht.«

Da sagte er zu ihnen: »Warum habt ihr mich gesucht? Wusstet ihr nicht, dass ich in dem Haus sein muss, was meinem Vater gehört?« Doch sie verstanden nicht, was er damit sagen wollte. Jesus kehrte mit ihnen nach Nazaret zurück und bemühte sich, ihnen gehorsam zu sein. Seine Mutter bewahrte alles, was geschehen war, in ihrem Herzen. Jesus aber wurde immer größer. Er lernte viel und er fand Gefallen bei Gott und den Menschen.

*Nach Lukas 2,41–52*

### Wo sind die Söhne?

Drei Frauen wollten Wasser holen am Brunnen. Nicht weit davon saß ein alter Mann auf einer Bank und hörte zu, wie die Frauen ihre Söhne lobten.

»Mein Sohn«, sagte die Erste, »ist so geschickt, dass er alle hinter sich lässt …«

»Mein Sohn«, sagte die Zweite, »singt so schön wie die Nachtigall! Es gibt keinen, der eine so schöne Stimme hat wie er …«

»Und warum lobst du deinen Sohn nicht?«, fragten sie die Dritte, als sie schwieg. »Er hat nichts, was

ich loben könnte«, entgegnete sie. »Mein Sohn ist nur ein gewöhnlicher Knabe, er hat nichts Besonderes an sich und in sich …«

Die Frauen füllten ihre Eimer und gingen heim. Der alte Mann ging langsam hinter ihnen her. Die Eimer waren schwer und die abgearbeiteten Hände schwach. Deshalb machten die Frauen eine Ruhepause, denn der Rücken tat ihnen weh. Da kamen ihnen drei Jungen entgegen. Der Erste stellte sich auf die Hände und schlug Rad um Rad. Die Frauen riefen: »Welch ein geschickter Junge!«

Der Zweite sang so herrlich wie die Nachtigall, und die Frauen lauschten andachtsvoll und mit Tränen in den Augen. Der dritte Junge lief zu seiner Mutter, hob die Eimer auf und trug sie heim. Da fragten die Frauen den alten Mann: »Was sagst du zu unseren Söhnen?«

»Wo sind eure Söhne?«, fragte der alte Mann verwundert. »Ich sehe nur einen einzigen Sohn!«

*Leo N. Tolstoi*

### Die beiden Söhne

Jesus sagte zu seinen Freunden: Um in das Reich Gottes zu kommen, ist es wichtig, das zu tun, was Gott will. Hört zu:

Ein Mann hatte zwei Söhne. Er ging zum ersten und sagte: »Mein Sohn, geh und arbeite heute im Weinberg!« Er antwortete: »Ja, ja, Vater, aber erst muss ich noch dies und das machen«. Am Ende ging er gar nicht hin. Da bat der Vater den zweiten Sohn und sagte: »Geh du doch bitte und sieh nach dem Weinberg!« Der zweite Sohn antwortete: »Ich habe keine Lust. Ich will nicht.« Später tat es ihm leid. Er nahm sein Arbeitsgerät, ging in den Weinberg und arbeitete dort.

Was meint ihr? Wer von den beiden hat den Willen seines Vaters erfüllt?

Sie antworteten: Der zweite. Da sagte Jesus zu ihnen: Ihr habt richtig geantwortet. Und ich sage euch: Nicht die, die auf den ersten Blick sagen und tun, was Gott will, werden ins Himmelreich kommen, sondern nur die, die es von Herzen tun.

*Nach Matthäus 21,28–32*

Lest die drei Geschichten und überlegt, ob ihr selbst schon einmal ähnliche Erlebnisse hattet!

# *A 41*

## Mutter und Vater

Einmal dürfen die Jungen Geschichten erzählen. Vater und Mutter hören zu. Dudu liegt im Stubenwagen und schläft. Erst erzählt Peter. Peter weiß immer eine Geschichte vom Osterhasen. Dann erzählt Michel. Michel erzählt immer die Geschichte vom Sturm auf dem Meer. Als der Herr Jesus im Boot lag und schlief. Michel erzählt die Geschichte falsch. Aber zuletzt hört der Sturm auf, und alle sind wieder gesund. Und das ist doch richtig.

Als Michel fertig ist, sagt der Vater: »Jetzt ist Frieder dran.« Frieder hat noch nie eine Geschichte erzählt. Er kann doch noch gar nicht erzählen, weil er noch nicht richtig sprechen kann. Aber Frieder nickt eifrig mit dem Kopf. Das heißt: »Ja, ich erzähle.« Dann schweigt er. Michel will Frieder auslachen. Peter denkt, das ist eine stille Geschichte. Aber Frieder lässt sich nicht rausbringen. Vater und Mutter warten. Da schaut Frieder die Mutter an, und dann erzählt er die kürzeste und die schönste Geschichte, die er erlebt hat. Sie besteht nur aus einem Wort, aber es ist doch eine ganz lange Geschichte. Frieder erzählt: »Mama!« Da werden alle ganz still. Frieder hat die schönste Geschichte erzählt, die er kennt.

*Heinz Vonhoff*

Ich bin oft allein zu Hause beim Aufgabenmachen, weil meine Mutter auswärts arbeitet. Dann bin ich einsam und wollte, sie säße bei mir. Ich bin sehr traurig, wenn meine Mutter nicht da ist, und ich vermisse ihre Zärtlichkeit, denn ich sehe sie so selten während des Tages. Wenn sie kocht und im Haus arbeitet, bin ich froh, weil sie in meiner Nähe ist, aber wenn sie wieder weggeht, möchte ich weinen. Der schönste Tag ist der Sonntag, weil meine Eltern da zu Hause sind.

Ich kann den ganzen Tag mit ihnen sein, und die Liebe meiner Mutter macht mich glücklich.

*Laura, 8 Jahre, Italien*

**Wenn mein Vater mit mir geht**
Wenn mein Vater mit mir geht,
dann hat alles einen Namen,
Vogel, Falter, Baum und Blume.
Wenn mein Vater mit mir geht,
ist die Erde nicht mehr stumm.

Kommt die Nacht und kommt das Dunkel,
zeigt mein Vater mir die Sterne.
Er weiß, wie die Menschen leben,
weiß, was recht und unrecht ist,
sagt mir, wie ich werden soll.

*Josef Guggenmos*

Schreibe in die freien Felder eine Geschichte, die du mit deinem Vater und/oder deiner Mutter erlebt hast!

# *A 42*

## Gott ist Vater und Mutter

Herr, mein Herz ist nicht stolz,
nicht hochmütig blicken meine Augen.
Ich gehe nicht um mit Dingen,
die mir zu wunderbar und zu hoch sind.
Ich ließ meine Seele ruhig werden und still;
wie ein kleines Kind bei der Mutter
ist meine Seele still in mir.
Israel, harre auf den Herrn
von nun an bis in Ewigkeit!

*Psalm 131*

### Gott ist Vater und mehr

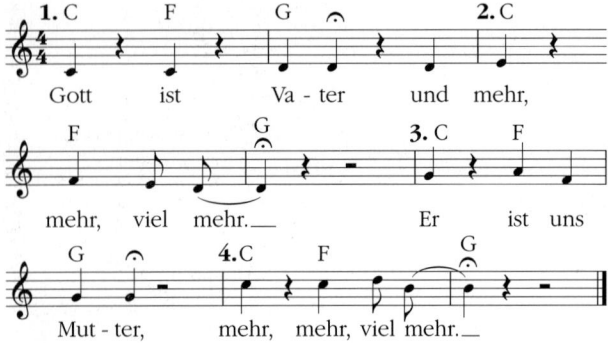

Gott ist Va-ter und mehr,
mehr, viel mehr. Er ist uns
Mut-ter, mehr, mehr, viel mehr.

*T: nach Johannes Paul I.   M: Reinhard Horn*

### Wie ein Vater sich seiner Kinder erbarmt

Wie ein Vater sich seiner Kinder erbarmt,
so erbarmt sich der Herr über alle,
die ihn fürchten.
Denn er weiß, was wir für Gebilde sind;
er denkt daran: Wir sind nur Staub.
Des Menschen Tage sind wie Gras,
er blüht wie die Blume des Feldes.
Fährt der Wind darüber, ist sie dahin;
der Ort, wo sie stand, weiß von ihr nichts mehr.
Doch die Huld des Herrn währt immer und ewig
für alle, die ihn fürchten und ehren;
sein Heil erfahren noch Kinder und Enkel;
alle, die seinen Bund bewahren,
an seine Gebote denken und danach handeln.

*Aus Psalm 103*

Und so beten Christen auf der ganzen Welt,
wie wir es von Jesus gelernt haben:

Vater unser im Himmel,
geheiligt werde dein Name.
Dein Reich komme.
Dein Wille geschehe
wie im Himmel,
so auf Erden.
Unser tägliches Brot gib uns heute
und vergib uns unsere Schuld,
wie auch wir vergeben unseren Schuldigern.
Und führe uns nicht in Versuchung,
sondern erlöse uns von dem Bösen.

_____

_____

_____

_____

_____

_____

_____

_____

_____

_____

_____

Wie würdest du Gott beschreiben? Schreibe es
mit bunten Stiften auf!

# A 43

## Berufe der Bibel (Mandala)

# A 44

## Bauer

Der Prophet Jesaja schreibt:

»Horcht auf, hört meine Stimme, gebt Acht, hört auf mein Wort!

Pflügt denn der Bauer jeden Tag, um zu säen, beackert und eggt er denn jeden Tag seine Felder? Nein, wenn er die Äcker geebnet hat, streut er Kümmel und Dill aus, sät Weizen und Gerste und an den Rändern den Dinkel.

So unterweist und belehrt ihn sein Gott, damit er es recht macht. Auch fährt man nicht mit dem Dreschschlitten über den Dill und mit den Wagenrädern über den Kümmel, sondern man klopft den Dill mit dem Stock aus und den Kümmel mit Stecken.

Zermalmt man etwa das Getreide beim Dreschen? Nein, man drischt es nicht endlos, man lässt die Wagenräder und die Hufe der Tiere nicht darüber gehen, bis es zermalmt ist.

Auch dies lehrt der Herr der Heere; sein Rat ist wunderbar, er schenkt großen Erfolg.

*Nach Jesaja 28,23– 29*

### Die gute Saat

Und Jesus erzählte ihnen noch ein anderes Gleichnis:

Mit dem Himmelreich ist es wie mit einem Mann, der guten Samen auf seinen Acker säte. Während nun die Leute schliefen, kam sein Feind, säte Unkraut unter den Weizen und ging wieder weg.

Als die Saat aufging und sich die Ähren bildeten, kam auch das Unkraut zum Vorschein. Da gingen die Knechte zu dem Gutsherrn und sagten: »Herr, hast du nicht guten Samen auf deinen Acker gesät? Woher kommt dann das Unkraut?«

Er antwortete: »Das hat ein Feind von mir getan.« Da sagten die Knechte zu ihm: »Sollen wir gehen und es ausreißen?« Er entgegnete: »Nein, sonst reißt ihr zusammen mit dem Unkraut auch den Weizen aus. Lasst beides wachsen bis zur Ernte. Wenn dann die Zeit der Ernte da ist, werde ich den Arbeitern sagen: Sammelt zuerst das Unkraut und bindet es in Bündel, um es zu verbrennen; den Weizen aber bringt in meine Scheune.«

*Nach Matthäus 13,24– 30*

Male hierhin ein Bild von einem Bauern, der heute sein Feld bestellt!

# A 45

## Hirte

Als Alex und ich über den Hügel kommen, sehen wir einen Schäfer mit seiner Herde. Es ist ein schönes Bild, den Schafen zuzuschauen. Sie sehen friedfertig aus. »So ein Schäfer hat einen schönen Beruf«, meint Alex. »Er hat keine Hausaufgaben, ist immer an der frischen Luft, muss sich nicht sonderlich plagen, muss nicht reden, nicht denken und nur über die Wiese schreiten.« »Wer sagt denn, dass der nichts denkt? Und wenn der Regen über die Felder peitscht, Blitz und Donner herunter krachen oder der Wind durch die Hecke pfeift, da möchte ich kein Schäfer sein.« Jetzt aber scheint die Sonne, und der Schäfer stützt sich auf seinen langen Hirtenstab und schaut über seine Herde hinweg in die Ferne. Als die Schafe ins junge Getreide einbrechen, fängt er auf einmal an zu schreien. Er hat eine raue Stimme. Der Hund kommt herangehetzt, und die Schafe flüchten in weiten Sätzen zurück. Der Schäfer ruft nach dem Hund, der die Herde zusammentreibt. Die Herde zieht weiter. Ein Schaf bleibt in der Mulde zurück. Es sondert sich von der Herde ab. Der Schäfer scheint es nicht zu bemerken. Wir gehen hin, um es ihm zu sagen.

»Es lammt«, sagt er nur und brüllt dann wieder seinem Hund.

Wenig später geht er zu dem einzelnen Schaf zurück. Wir bleiben stehen, weil wir uns nicht recht trauen, zu folgen. Nach einer Weile kommt der Schäfer wieder. Es ist etwas ganz Besonderes mit ihm geschehen. Den Hirtenstab hat er abgelegt und hält das neugeborene Lamm in beiden Armen. Behutsam umfassen seine groben, knochigen Hände das junge Leben. »Schau mal, wie sich sein Gesicht verändert hat«, flüstere ich Alex zu, »wie zärtlich er es ansieht!« »Er ist ein guter Hirte«, sagt Alex, »er sorgt sich um seine Schafe.«

Der Schäfer kehrt zu seiner Herde zurück und entfernt sich mit ihr. Wir vergessen ihn nicht. Und als wir später im Kommunionunterricht hören, dass Jesus sagt: »Ich bin der gute Hirte«, können wir das gut verstehen. In Gedanken sehen wir unseren Schäfer wieder: wie er auf die Herde Acht gibt, wie er zu dem einzelnen Schaf zurückgeht, wie er das kleine Schaf in den Armen hält und dabei so froh aussieht.

*Kurt Hock*

# A 46

## Fischer

Jesus stand am Ufer des Sees Gennesaret. Viele Menschen drängten sich um ihn und wollten das Wort Gottes hören. Da sah er zwei Boote am Ufer liegen. Die Fischer waren ausgestiegen und wuschen ihre Netze.

Jesus stieg in das Boot, das dem Simon gehörte, und bat ihn, ein Stück weit vom Land wegzufahren. Dann setzte er sich und lehrte das Volk vom Boot aus. Als er seine Rede beendet hatte, sagte er zu Simon: »Fahrt hinaus auf den See! Dort werft eure Netze zum Fang aus!«

Simon antwortete ihm: »Meister, wir haben die ganze Nacht gearbeitet und nichts gefangen. Doch wenn du es sagst, werde ich die Netze auswerfen.« Das taten sie, und sie fingen eine so große Menge Fische, dass ihre Netze zu reißen drohten. Deshalb winkten sie ihren Gefährten im anderen Boot, sie sollten kommen und ihnen helfen. Sie kamen, und gemeinsam füllten sie beide Boote bis zum Rand, sodass sie fast untergingen.

Als Simon Petrus das sah, fiel er Jesus zu Füßen und sagte: »Herr, geh weg von mir; ich bin ein Sünder.« Denn er und alle seine Begleiter waren erstaunt und erschrocken, weil sie so viele Fische gefangen hatten; ebenso ging es Jakobus und Johannes, den Söhnen des Zebedäus, die mit Simon zusammenarbeiteten. Da sagte Jesus zu Simon: »Fürchte dich nicht! Von jetzt an wirst du Menschen fangen.« Und sie zogen die Boote an Land, ließen alles zurück und folgten ihm nach.

*Nach Lukas 5,1– 11*

*Herbert Seidel, Fischzug*

Die Jünger sollten das, was sie besonders gut konnten, für Jesus einsetzen.
Gibt es etwas, das du für Jesus einsetzen könntest?

# A 47

## Begegnung mit dem Auferstandenen am See

Jesus war gestorben. Einige hatten erzählt: »Jesus ist nicht tot, er lebt.« Die Freunde Jesu wussten aber nicht, was sie tun sollten. Deshalb machten sie das, was sie immer schon taten: Sie gingen fischen, denn sie waren Fischer von Beruf.

Einmal waren sie bei der Arbeit am See von Tiberias. Petrus, Thomas, Natanaël, die Söhne des Zebedäus und zwei andere von den Jüngern Jesu waren zusammen. Simon Petrus sagte zu ihnen: »Ich gehe fischen.« Sie sagten zu ihm: »Wir kommen auch mit.« Sie gingen hinaus und stiegen in das Boot. Aber in dieser Nacht fingen sie nichts.

Als es schon Morgen wurde, stand Jesus am Ufer. Doch die Jünger wussten nicht, dass es Jesus war. Jesus sagte zu ihnen: »Meine Kinder, habt ihr nicht etwas zu essen?« Sie antworteten ihm: »Nein.«

Er aber sagte zu ihnen: »Werft das Netz auf der rechten Seite des Bootes aus, und ihr werdet etwas fangen.« Sie warfen das Netz aus und konnten es nicht wieder einholen, so voller Fische war es.

Da sagte der Jünger, den Jesus liebte, zu Petrus: »Es ist der Herr!« Als Petrus das hörte, zog er sich sein Obergewand um, weil er nackt war, und sprang in den See.

Dann kamen die anderen Jünger mit dem Boot – sie waren nämlich nicht weit vom Land entfernt, nur etwa zweihundert Ellen – und zogen das Netz mit den Fischen hinter sich her. Als sie an Land gingen, sahen sie am Boden ein Kohlenfeuer und darauf Fisch und Brot. Jesus sagte zu ihnen: »Bringt von den Fischen, die ihr gerade gefangen habt.« Da ging Petrus und zog das Netz an Land. Es war mit hundertdreiundfünfzig großen Fischen gefüllt, und obwohl es so viele waren, zerriss das Netz nicht. Jesus sagte zu ihnen: »Kommt her und esst!« Jesus trat heran, nahm das Brot und gab es ihnen, ebenso den Fisch.

Als sie gegessen hatten, sagte Jesus zu Simon Petrus: »Simon, liebst du mich mehr als diese?« Er antwortete ihm: »Ja, Herr, du weißt, dass ich dich liebe.« Jesus sagte zu ihm: »Sorge für die Menschen, die an mich glauben!«

Zum zweiten Mal fragte er ihn: »Simon, liebst du mich?« Er antwortete ihm: »Ja, Herr, du weißt, dass ich dich liebe.« Jesus sagte zu ihm: »Sorge für die Menschen, die mir gefolgt sind und auf mich hoffen!«

Zum dritten Mal fragte er ihn: »Simon, hast du mich lieb?« Da wurde Petrus traurig, weil Jesus ihn zum dritten Mal gefragt hatte. Er gab ihm zur Antwort: »Herr, du weißt alles; du weißt, dass ich dich lieb habe.« Jesus sagte zu ihm: »Dann sorge dafür, dass die frohe Botschaft weitergegeben wird!«

*Nach Johannes 21,1–19*

*Sieger Köder, Ostermorgen am See*

# A 48

## König

Als Samuel alt geworden war, setzte er seine Söhne als Richter Israels ein. Aber sie gingen nicht auf seinen Wegen, sondern waren auf ihren Vorteil aus, ließen sich bestechen und beugten das Recht.

Deshalb versammelten sich alle Ältesten Israels und gingen zu Samuel. Sie sagten zu ihm: »Du bist nun alt, und deine Söhne gehen nicht auf deinen Wegen. Darum setze jetzt einen König bei uns ein, der uns regieren soll, wie es bei allen Völkern der Fall ist.«

Aber Samuel missfiel es, dass sie sagten: Gib uns einen König, der uns regieren soll. Samuel betete deshalb zum Herrn, und der Herr sagte zu Samuel: »Hör auf die Stimme des Volkes in allem, was sie zu dir sagen. Denn nicht dich haben sie verworfen, sondern mich haben sie verworfen: Ich soll nicht mehr ihr König sein. Doch hör jetzt auf ihre Stimme, warne sie aber eindringlich und mach ihnen bekannt, welche Rechte der König hat, der über sie herrschen wird.«

Samuel teilte dem Volk, das einen König von ihm verlangte, alle Worte des Herrn mit. Er sagte: »Das werden die Rechte des Königs sein, der über euch herrschen wird: Er wird eure Söhne holen und sie für sich bei seinen Wagen und seinen Pferden verwenden, und sie werden vor seinem Wagen herlaufen. Er wird sie zu Obersten über Tausend und zu Führern über Fünfzig machen. Sie müssen sein Ackerland pflügen und seine Ernte einbringen. Sie müssen seine Kriegsgeräte und die Ausrüstung seiner Streitwagen anfertigen. Eure Töchter wird er holen, damit sie ihm Salben zubereiten und kochen und backen. Eure besten Felder, Weinberge und Ölbäume wird er euch wegnehmen und seinen Beamten geben. Von euren Äckern und euren Weinbergen wird er den Zehnten erheben und ihn seinen Höflingen und Beamten geben. Eure Knechte und Mägde, eure besten jungen Leute und eure Esel wird er holen und für sich arbeiten lassen. Von euren Schafherden wird er den Zehnten erheben. Ihr selber werdet seine Sklaven sein. An jenem Tag werdet ihr wegen des Königs, den ihr euch erwählt habt, um Hilfe schreien, aber der Herr wird euch an jenem Tag nicht antworten.«

Doch das Volk wollte nicht auf Samuel hören, sondern sagte: »Nein, ein König soll über uns herrschen. Auch wir wollen wie alle anderen Völker sein. Unser König soll uns Recht sprechen, er soll vor uns herziehen und soll unsere Kriege führen.« Samuel hörte alles an, was das Volk sagte, und trug es dem Herrn vor. Und der Herr sagte zu Samuel: »Hör auf ihre Stimme und setz ihnen einen König ein!« Da setzte Samuel Saul als König ein.

*Nach 1 Samuel 8,1–22*

**Dem Herrn gehört die Erde**
Dem Herrn gehört die Erde und was sie erfüllt,
der Erdkreis und seine Bewohner.
Denn er hat ihn auf Meere gegründet,
ihn über Strömen befestigt.
Wer darf hinaufziehen zum Berg des Herrn,
wer darf stehen an seiner heiligen Stätte?
Der reine Hände hat und ein lauteres Herz,
der nicht betrügt und keinen Meineid schwört.
Er wird Segen empfangen vom Herrn
und Heil von Gott, seinem Helfer.
Das sind die Menschen, die nach ihm fragen,
die dein Antlitz suchen, Gott Jakobs.
Ihr Tore, hebt euch nach oben,
hebt euch, ihr uralten Pforten;
denn es kommt der König der Herrlichkeit.
Wer ist der König der Herrlichkeit?
Der Herr, stark und gewaltig,
der Herr, mächtig im Kampf.
Ihr Tore, hebt euch nach oben,
hebt euch, ihr uralten Pforten;
denn es kommt der König der Herrlichkeit.
Wer ist der König der Herrlichkeit?
Der Herr der Heerscharen,
er ist der König der Herrlichkeit.

*Psalm 24*

# A 49

## Vom König, der Gott sehen wollte

In einem fernen Land lebte einst ein König, den am Ende seiner Tage Schwermut befiel. »Seht«, sagte er, »nun habe ich in meinem Leben alles, was nur ein Mensch erleben und mit den Sinnen aufnehmen kann, erfahren, gehört und gesehen. Nur eines habe ich nicht gesehen in meinem ganzen Leben: Gott habe ich nicht gesehen. Ihn wünsche ich noch zu sehen.« Deshalb erließ der König an alle Machthaber, Weisen und Priester den Befehl, ihm Gott zu zeigen. Schwerste Strafen wurden ihnen angedroht, wenn es ihnen nicht gelänge. Der König gewährte eine Frist von drei Tagen.

Trauer kam über die Einwohner des königlichen Palastes, und alle warteten auf ihr bevorstehendes Ende. Genau nach drei Tagen um die Mittagszeit ließ der König sie vor sich rufen. Der Mund der Machthaber, der Weisen und der Priester aber blieb stumm. In seinem Zorn war der König schon bereit, das Todesurteil auszusprechen.

Da kam ein Hirte vom Felde, der von des Königs Befehl gehört hatte, und sagte: »Erlaube mir, König, deinen Wunsch zu erfüllen!« »Gut«, sagte der König, »aber bedenke, es geht um deinen Kopf!« Der Hirte führte den König auf einen freien Platz und zeigte ihm die Sonne. »Sieh hin«, sagte er. Der König hob seine Augen und wollte die Sonne sehen. Aber der Glanz blendete ihn, und er senkte den Kopf und schloss die Augen. »Willst du, dass ich erblinde?«, sagte er zu dem Hirten. »Aber König, das ist doch nur ein Ding der Schöpfung, ein schwacher Abglanz der Größe Gottes, ein kleines Fünkchen seines flammenden Feuers. Wie willst du mit deinen schwachen, tränenden Augen Gott sehen? Suche ihn mit anderen Augen.«

Der Einfall gefiel dem König. Er sagte zu dem Hirten: »Ich erkenne deinen Geist und sehe die Größe deiner Seele. Antworte mir nun: Was war vor Gott?« Nach einigem Nachdenken sagte der

Hirt: »Sei nicht zornig wegen meiner Bitte, aber zähle!« Der König begann: »Eins, zwei, ...« »Nein, nein«, unterbrach ihn der Hirt, »nicht so, fange mit dem an, was vor eins kommt!« – »Wie kann ich denn? Vor eins gibt es doch nichts.« – »Sehr weise gesprochen, Herr. Auch vor Gott gibt es nichts.«

Diese Antwort gefiel dem König noch besser als die vorhergehende. »Ich werde dich reich beschenken, vorher aber antworte noch auf die dritte Frage. Was macht Gott?« Der Hirt sah, dass des Königs Herz weich geworden war. »Gut«, sagte er, »auch darauf will ich dir antworten. Nur um eines bitte ich dich: Lass uns die Kleider für eine kurze Zeit tauschen.« Und der König legte die Zeichen seiner Königswürde ab, kleidete damit den Hirten, und selbst zog er dessen unscheinbaren Rock an und hängte sich die Hirtentasche um. Und der Hirt setzte sich auf den Thron, nahm das Zepter und zeigte damit auf den

an den Stufen seines Thrones mit seiner Hirtentasche stehenden König. »Siehst du, das macht Gott! Den einen erhebt er auf den Thron, und den anderen lässt er heruntersteigen.« Und der Hirt zog wieder seine eigenen Kleider an.

Der König stand in Gedanken versunken. Das letzte Wort des Hirten brannte auf seiner Seele. Aber plötzlich ermannte er sich, und unter sichtbaren Zeichen der Freude sagte er: »Jetzt sehe ich Gott.«

*Leo N. Tolstoi*

# A 50

## Das Königtum Jesu

Jesus war gefangen genommen worden. Er wurde zu Pilatus geführt. Der verhörte Jesus. Er fragte ihn: »Bist du der König der Juden?«

Jesus antwortete: »Sagst du das von dir aus, oder haben es dir andere über mich gesagt?« Pilatus entgegnete: »Bin ich denn ein Jude? Dein eigenes Volk und die Hohenpriester haben dich an mich ausgeliefert. Was hast du getan?« Jesus antwortete: »Mein Königtum ist nicht von dieser Welt. Wenn es von dieser Welt wäre, würden meine Leute kämpfen, damit ich den Juden nicht ausgeliefert würde. Aber mein Königtum ist nicht von hier.«
Pilatus sagte zu ihm: »Also bist du doch ein König?« Jesus antwortete: »Du sagst es, ich bin ein König. Ich bin dazu geboren und dazu in die Welt gekommen, dass ich für die Wahrheit Zeugnis ablege. Jeder, der aus der Wahrheit ist, hört auf meine Stimme.«

*Nach Johannes 18,33b–37*

Hier siehst du zwei Kronen: eine Dornenkrone und eine Königskrone. Schreibe neben die Bilder, was diese beiden Kronen ausdrücken!

# A 51

## Claudio, der Clown

**Claudio, der Clown**

1. Clau-di-o, der Clown, schenkt Spaß und so viel Freu-de. Clau-di-o, der Clown, ver-zau-bert uns auch heu-te. *Refr.:* Seht her, er läch-elt bloß: Al-lez hopp, al-lez hopp, al-lez hopp, al-lez hopp, al-lez hopp! Und schon geht's los!

2. Claudio, der Clown, der lässt es uns jetzt wagen,
   dass wir uns getraun und Purzelbäume schlagen.

3. Claudio, der Clown, der lässt es uns erleben,
   dass wir uns getraun, wie Seifenblasen schweben.

4. Claudio, der Clown, der winkt mit beiden Händen,
   dass wir uns getraun und watscheln wie die Enten.

5. Claudio, der Clown, der braucht es nur zu sagen,
   dass wir uns getraun
   und gleich ein Tänzchen wagen.

6. Claudio, der Clown
   lässt uns wie Hummeln brummen,
   dass wir uns getraun und umeinander summen.

7. Claudio, der Clown, der lässt es uns erleben,
   dass wir uns getraun, einander hoch zu heben.

8. Claudio, der Clown,
   der schafft's mit Spaß und Witzen,
   dass wir uns getraun, einander durchzukitzeln.

9. Claudio, der Clown, hilft uns aus freien Stücken,
   dass wir uns getraun, einander fest zu drücken.

10. Claudio, der Clown, der lässt uns Fratzen machen,
    dass wir uns getraun, einander anzulachen.

11. Claudio, der Clown, der lässt uns Nasen drehen,
    dass wir uns getraun und uns im Spiegel sehen.

12. Claudio, der Clown, der weiß so viele Sachen,
    dass wir uns getraun und mit den andern lachen.

*T: Rolf Krenzer   M: Reinhard Horn*

# A 52

## Clownsgesicht

### Der betende Gaukler

Es war einmal ein Gaukler, der tanzend und springend von Ort zu Ort zog, bis er des unsteten Lebens müde war. Da gab er alle seine Habe hin und trat in das Kloster zu Clairvaux ein. Aber weil er sein Leben bis dahin mit Springen, Tanzen und Radschlagen zugebracht hatte, war ihm das Leben der Mönche fremd, und er wusste weder ein Gebet zu sprechen noch einen Psalter zu singen. So ging er stumm umher, und wenn er sah, wie jedermann des Gebetes kundig schien, aus frommen Büchern las und mit im Chor die Messe sang, stand er beschämt dabei. Ach, er allein, er konnte nichts.

»Was tu ich hier?«, sprach er zu sich. »Ich weiß nicht zu beten und kann mein Wort nicht machen. Ich bin hier unnütz und der Kutte nicht wert, in die man mich kleidete.« In seinem Gram flüchtete er eines Tages, als die Glocke zum Chorgebet rief, in eine abgelegene Kapelle. »Wenn ich schon nicht mitbeten kann im Konvent der Mönche«, sagte er vor sich hin, »so will ich doch tun, was ich kann.« Rasch streifte er das Mönchsgewand ab und stand da in seinem bunten Röckchen, in dem er als Gaukler umhergezogen war. Und während vom hohen Chor die Psalmgesänge herüberwehen, beginnt er mit Leib und Seele zu tanzen, vor- und rückwärts, links herum und rechts herum. Mal geht er auf seinen Händen durch die Kapelle, mal überschlägt er sich in der Luft und springt die kühnsten Tänze, um Gott zu loben. Wie lange auch das Chorgebet der Mönche dauert, er tanzt ununterbrochen, bis es ihm den Atem verschlägt und die Glieder ihren Dienst versagen.

Ein Mönch war ihm aber gefolgt und hatte durch ein Fenster seine Tanzsprünge mit angesehen und heimlich den Abt geholt. Am anderen Tag ließ dieser den Bruder zu sich rufen. Der Arme erschrak zutiefst und glaubte, er solle des verpassten Gebetes wegen gestraft werden. Also fiel er vor dem Abt nieder und sprach: »Ich weiß, Herr, dass hier meines Bleibens nicht ist. So will ich aus freien Stücken ausziehen und in Geduld die Unrast der Straße wieder ertragen.« Doch der Abt neigte sich vor ihm, küsste ihn und bat ihn, für ihn und alle Mönche bei Gott einzustehen: »In deinem Tanze hast du Gott mit Leib und Seele geehrt. Uns aber möge er alle wohlfeilen Worte verzeihen, die über die Lippen kommen, ohne dass unser Herz sie sendet.«

*Hubertus Halbfas*

# Einführung

## Unsere Sinne

Unsere Umwelt nehmen wir mehr oder weniger bewusst über unsere Sinne wahr. Das erscheint uns selbstverständlich und wird häufig erst dann bemerkt, wenn einer dieser Sinne kurz- oder langfristig nicht mehr verfügbar ist. Eine wichtige Aufgabe ist es deshalb, unsere Sinne zu schärfen und neu auf sie aufmerksam zu machen, damit wir nicht zu einseitig leben und der Reizüberflutung unserer Umwelt etwas entgegensetzen können.

Es geht darum, die einzelnen Fähigkeiten, die uns unser Körper bietet, wahrzunehmen, zu schulen und vielleicht wieder neu einzusetzen. Dann können wir unsere Umwelt nicht nur wieder neu wahrnehmen, sondern unserem Wahrnehmen auch wieder vielfältig Ausdruck geben. Um unsere Sinne wirklich einzusetzen bedarf es eines Zusammenspiels aller Fähigkeiten, die letztlich nur im Miteinander den ganzen Menschen ausmachen.

Auch im religiösen Bereich finden wir immer wieder die Bilder vom Zusammenspiel der einzelnen Körperteile zum Wohl des Ganzen (siehe z. B. 1 Kor 12ff.). So wird das Zusammenspiel der einzelnen Sinne und Körperteile mit ihren je eigenen Fähigkeiten häufig als ein Bild für menschliches Zusammenleben dargestellt.

Außerdem finden wir in allen religiösen Kulturen Ausdrucksformen, die durch die unterschiedlichen Sinne geprägt sind: der gesamte Körper z. B. im Tanz, das Ohr in der Musik, das Auge in Kostümen, Masken und Gewändern, die Nase durch unterschiedliche Wohlgeruche wie z. B. Weihrauch in der Katholischen Kirche oder andere Räucherstäbchen in asiatischen Religionen.

Es geht im christlichen Leben nicht zuletzt darum, die Wirklichkeit Gottes mit allen Sinnen wahrzunehmen und sie dann wiederum zum Aufbau des Reiches Gottes im Geiste Jesu Christi einzusetzen.

Bei dieser Sichtweise ist es natürlich, dass unterschiedliche Gaben und Begabungen entdeckt, gefördert und zum Wohle aller eingesetzt werden sollten.

## Hand und Fuß haben

Wenn wir hören: Etwas hat Hand und Fuß, dann meinen wir damit: Es kann Wirklichkeit werden, es steht auf solidem Boden, darauf kann man vertrauen und bauen.

Hände und Füße dienen uns zur handwerklichen Geschicklichkeit und zur Fortbewegung. Ohne Hände und Füße könnten wir viele Dinge nicht selbst erfahren.

Mit den Händen können wir tasten und spüren, streicheln und schlagen. Wir können sie öffnen und schließen, etwas in Besitz nehmen und hergeben.

Die *Hand* ist eines der ältesten und kompliziertesten Symbole der Menschheit. Wir finden sie schon bei den Steinzeitmenschen in die Höhlenwände geritzt, oder in Lehmwände eingedrückt und farbig hervorgehoben. Für diese Darstellungen gibt es viele Deutungsmöglichkeiten: Es kann sich um magische Beschwörung, Abwehr von Gefahren, die Bitte an unsichtbare Mächte, den Ausdruck des Urerlebnisses der Selbstdarstellung oder Zeichen der Besitzergreifung einer Beute handeln. Naturvölker kennen heute noch Trauerriten, in denen als Zeichen der Selbstverstümmelung Fingerglieder abgeschnitten werden. Die Hand mit ihren individuellen Linien hat für viele immer noch magische Bedeutung: Sie lassen sich ihre Zukunft aus der Hand lesen.

Im Islam hat die Fünfzahl eine große Bedeutung. Deshalb kommt dort der Hand mit ihren fünf Fingern eine starke symbolische Bedeutung zu. Die Hand mit den fünf ausgestreckten Fingern dient z. B. zur Abwehr des »bösen Blicks«. Ihre Darstellung wird als »Hand Fatimas« bezeichnet, der jüngsten Tochter Mohammeds. In islamischen Ländern finden wir sie an vielen Türen und Türstürzen. Sie soll das Böse vom Haus und seinen Bewohnern fern halten.

Die Hand Gottes, die über dem Menschen wacht, finden wir in vielen mittelalterlichen biblischen Darstellungen. Von oben kommend, segnet sie das Geschehen. Die Darstellung einer erhobenen rechten Hand, Daumen, Zeige- und Mittelfinger gestreckt, Ring- und kleiner Finger eingebogen, stellt die Hand Christi, des Weltenherrschers dar. Bei vielen Heilungen wird uns erzählt, dass Jesus den Kranken mit der Hand berührte und damit heilte.

Zärtlichkeit und Liebe drücken sich aus in Gesten der Hände. Wer schon einmal Schwerkranken die Hand gehalten hat, weiß, wie wichtig diese Berührung für den Patienten ist. Sie macht deutlich: Da ist jemand, der lässt mich nicht allein.

Die ineinander gelegten Hände von Erwachsenen und Kindern drücken Geborgenheit aus. Ein Zeichen der Sammlung ist es, wenn wir unsere Hände zum Gebet zusammenlegen.

Die *Füße* sind unsere Möglichkeit der Fortbewegung. In Bewegung sein gehört zum Lebendigsein. Wer sich nicht bewegt, weder körperlich noch geistig, wird krank oder stirbt. Gehen, schreiten, laufen, hüpfen, springen – es gibt viele Möglichkeiten für uns, uns mit unseren Füßen fortzubewegen.

Eng verbunden mit dem Gehen ist das Symbol des Weges (siehe Symbole des Lebens – Symbole des Glaubens Band II bzw. »Symbolkreis Weg«). Das Bild vom Lebensweg, auf dem man Zeit seines Lebens voranschreitet, ist uns vertraut. Wir wissen: Jede/r muss ihren/seinen eigenen Weg gehen. Alles Geschöpfliche und damit auch der Mensch befindet sich in ständiger Bewegung.

Wenn vom Weg die Rede ist, dann sind auch immer unsere Füße mit angesprochen. Es sind die konkreten Schritte mit unseren Füßen, die beschwingten und die zögernden, manchmal auch ängstlichen, durch die wir unbegehbare oder zum Ziel führende Wege beschreiten.

Und: Das Gehen müssen wir erst lernen. Es ist ein langer Prozess. Wir Menschen müssen uns im Gleichgewicht befinden, damit wir gehen können.

Mit wem und für wen ich gehe ist von besonderer Bedeutung für mein Leben.

Die Fußspuren, denen ich folge, müssen mir Richtung und Ziel zeigen. Wir sagen: Ich folge den Spuren von …, wenn wir uns auf historischem Gelände bewegen.

Von Indianern ist der Spruch überliefert:

»Traue keinem Menschen, ehe du nicht einen Monat lang in seinen Fußstapfen gegangen bist.«

# Sehen, hören, sprechen

Wie die meisten anderen Lebewesen ist auch der Mensch mit Augen, Ohren und Mund ausgestattet.

Augen und Ohren dienen in erster Linie zur Wahrnehmung der Umwelt, der Mund zur Nahrungsaufnahme und Lautäußerung.

Der Verstand unterscheidet den Menschen vom Tier. Er gibt ihm die Fähigkeit, das, was er sieht und hört, in Gedanken und Worte zu fassen. Das macht ihn fähig, über die bloße Lautäußerung hinaus seinen Mund, seine Stimme zu vielerlei Dingen zu benutzen, vor allem zum Sprechen. Es macht ihn fähig, seine Empfindungen auszudrücken in Kunst, Musik und Dichtung. Auf der anderen Seite sind die Sinne des Menschen im Einzelnen weniger scharf ausgebildet als bei den Tieren.

Die *Augen* brauchen wir zum Sehen. Sie stehen in enger Verbindung zum Licht. Sie nehmen die Umwelt durch die unterschiedlichen Lichteinwirkungen wahr. Der Mensch besitzt außerdem die Gabe, seine Umwelt mit dem Auge farbig wahrzunehmen.

In vielen Naturreligionen und bei den alten Ägyptern sind Sonne und Mond Augen der Gottheit.

Im altorientalischen Symboldenken sind die Sterne Synonyme für die Augen.

Das Auge Gottes, das alles sieht, wird auf vielen älteren Bildern und auch auf Grabsteinen dargestellt. Das alles sehende Auge Gottes deutet auf seine Allwissenheit und auf seine treue Fürsorge hin. Allerdings wurde der Satz »Ein Auge ist, das alles sieht« auch als Bedrohung erfahren, besonders im Bereich der Kindererziehung (»Der liebe Gott sieht alles!«). Die ursprünglich positive Aussage des Bildes vom Auge Gottes wurde da vergessen.

Viele Buddhisten tragen einen Punkt zwischen den Augenbrauen. Dieser Punkt symbolisiert das Auge der Weisheit, das in die Tiefe schaut.

»Die Augen sind der Spiegel der Seele«, sagen viele Menschen. In unserer Gesellschaft wird das Auge durch ständige Reizüberflutung der Reklamebilder und die bewegten Bilder in Fernsehen und Video oft sehr strapaziert. Unsere Beobachtungsgabe ist deshalb häufig nicht sehr ausgeprägt. Und doch nehmen wir alles, was wir sehen, unbewusst auf. Wenn jemand redet, dann hören wir nicht nur die Worte, sondern sehen auch sein Gesicht, seine Körperhaltung, seine Bewegungen und Gestik. Daraus schließen wir, wie dieser Mensch sich gerade fühlt.

Die Kunst, die dem Auge, dem Sehen, zugeordnet ist, ist die bildende Kunst mit Zeichnen, Malen, Architektur.

Die *Ohren* brauchen wir zum Hören. Auch wenn wir es nicht immer präsent haben, so gibt uns unser Ohr doch ständig Signale, die uns sagen, was um uns herum passiert. Sind die Geräusche vertraut, etwa das Ticken einer Uhr, das Vorbeifahren eines Zuges o. Ä., bleibt unsere Reaktion gleichgültig. Sind es aber ungewöhnliche Geräusche, merken wir auf oder gehen nachsehen, was passiert ist. Wir unterscheiden mit dem Gehör die Stimmen und Schritte von Menschen. Blinde Menschen haben oft ein sehr verfeinertes Gehör. Menschen, die stumm sind, sind oft eigentlich taub und können deshalb das Sprechen nicht oder nur sehr schwer erlernen.

»Wer Ohren hat zu hören …«, diese Worte sagt Jesus immer wieder, wenn er zu den Menschen in Gleichnissen redet. Das Ohr selbst wird meist nicht direkt als ein Symbol dargestellt, aber die Kunst, die damit verbunden ist, die Musik, ist aus keinem Kulturkreis wegzudenken.

Den *Mund* brauchen wir zu vielerlei Dingen: zur Nahrungsaufnahme, zum Sprechen und Singen. Wir brauchen ihn zur gegenseitigen Verständigung.

Jesus sagt einmal: Nicht das, was in den Mund hineinkommt, ist böse, sondern das, was aus ihm herauskommt. Der Mund ist das Organ, mit dem der Mensch Gutes und Böses bewirken kann.

Deshalb ist der »Mund«, der »Schlund«, auch in vielen Kulturen der Eingang zum Abgrund, zur Unterwelt. Er wird als ein dämonisches Maul in Fels gehauen.

Neben der Nahrungsaufnahme ist der Mund beim Menschen wichtig zur Bildung von Worten, von Sprache. Deshalb ist mit dem Mund auch die Kunst der Dichtung, der Sprache verbunden.

Sprechen können erscheint uns als selbstverständlich, es wird nicht als etwas Wunderbares erfahren. Und doch zeigt uns die Beobachtung eines kleinen Kindes, wie mühsam das Erlernen von Sprache ist – eine Erfahrung, die wir dann wieder erahnen, wenn wir Fremdsprachen lernen.

Dem gesprochenen Wort kommt deshalb besondere Bedeutung zu. Durch das Wort des Schöpfers wird den Dingen Leben »eingehaucht«.

Die Erschaffung des Menschen wird in vielen Kulturen, auch im Alten Testament so beschrieben, dass Gott den Menschen aus Lehm oder Ackerboden formt. Zum Leben erweckt wird er durch »Atem Gottes« oder durch das machtvoll gesprochene Wort.

Im Johannesevangelium wird »das Wort«, der »Logos« gleichgesetzt mit der Person Jesu: »Und das Wort ist Fleisch geworden und hat unter uns gewohnt.« (Joh 1,14) Durch das gesprochene Wort wird auch die Beziehung zu Gott möglich. Beten, Hören, Reden und Schweigen sind eng miteinander verbunden.

Die Bibel, die Geschichte Israels mit Gott wird erst möglich durch die Erfahrung des Menschen mit Sprache, mit dem gesprochenen Wort. Das Wort Gottes bzw. sein Schweigen ist eng verbunden mit den Personen der Geschichte Israels.

Durch das Wort und die Sprache erst wurde so etwas wie »Individualität« bewusst: Die Menschen im Paradies gaben allen Dingen Namen. Die Namen sind das Schlüsselwort für viele Geheimnisse einer Person. Auch im Märchen von Rumpelstilzchen wird das deutlich.

Nach altägyptischer Vorstellung wird das Leben eines jeden Menschen von den geheimen Kräften seines Namens getragen. Bei vielen Naturvölkern ist die »Feier der Namensgebung« eines der wichtigsten Feste im Leben eines Menschen. Bei den Christen ist dieses Fest der Namensgebung mit der Taufe der kleinen Kinder verbunden.

Auch in der Bibel finden sich viele Beispiele, wie Gott und auch Jesus Menschen einen neuen Namen verleihen.

# Herz

Biologisch gesehen ist das Herz das Zentrum des Lebens. Wird es schwach, werden nicht mehr alle Gliedmaßen durchblutet und diese Glieder werden funktionsuntüchtig. Wird es unrhythmisch, werden wir krank. Hört es auf zu schlagen, sind wir tot.

Die Überprüfung des Blutdrucks ist eine der ersten Maßnahmen im Krankheitsfall. Unser biologisches Herz reagiert auf alle Einflüsse, die von außen kommen. In Zeiten der Ruhe schlägt es langsam, in Zeiten der Aufregung und Freude kann es rasen. Das Herz ist der Motor des Körpers.

Das spürten die Menschen schon sehr früh, auch wenn sie es noch nicht biologisch nachweisen konnten. In vielen Naturreligionen war es Brauch, das Herz eines starken Tieres nach dem Töten zu essen, um so an seiner Kraft Anteil zu haben.

Neben seiner biologischen Funktion wurde das Herz auch zum »Sitz der Gefühle«, vielleicht auch deshalb, weil es eben auf Gefühlsregungen reagiert. Deshalb wird das Herz oft als »die innere Mitte«, als der »innere Mensch« bezeichnet.

Wenn in Sprichworten vom Herzen die Rede ist, ist immer der ganze Menschen mit Leib und Seele gemeint. Von ganzem Herzen etwas tun, mit ganzem Herzen dabei sein heißt immer, dass jemand ganz in einer Aufgabe aufgeht. Ein Herz aus Stein haben meint einen Menschen, der in seinem ganz Wesen eben »hartherzig« ist.

Im Laufe der Geschichte wurde das Herz zu einem religiösen Grundsymbol. Der Ansicht vom Herzen, das den ganzen Menschen meint, verdanken z. B. die »Herzopfer« der Inkas im alten Mexiko ihren Ursprung, die ihren Göttern ein »vollkommenes Opfer« darbringen wollten.

Auch der biblische Sprachgebrauch zeigt, dass das Herz den ganzen Menschen meint, in seinem Gut- und Bösesein, mit seiner Fähigkeit zu lieben und zu hassen.

Die Kirchenväter entfalten ausführlich die Symbolik des Herzens. Es ist Raum für Gut und Böse, Ort der Gottesgeburt und dauernde Wohnstatt Gottes, aber ebenso Heimat des Menschen. Augustinus entfaltet eine ganze »Theologie des Herzens«.

Und weil das Herz den ganzen Menschen meint, so ist es auch der »Sitz der Liebe«. Das Herz als Symbol der Liebe und Verbundenheit zweier Menschen ist schon sehr alt. Auch die Liebeslyrik kommt ohne das Wort »Herz« kaum aus. Die Schriften der Völker erzählen immer wieder, dass im Herzen etwas Wohnung nehmen kann. So wird das Herz auch zu einem Symbol der Geborgenheit.

Das Herz eines Menschen kann einem anderen Heimat schenken. Vom eigenen Herzen schlossen die Menschen auf das Herz Gottes. Deutlich wird die Liebe Gottes zu den Menschen in der katholischen Tradition vom »Herzen Jesu«, die auch in zahlreichen Abbildungen dokumentiert ist.

## Familie

Menschen sind angewiesen auf ein soziales Umfeld. Es ist für die Entwicklung eines Menschen entscheidend, in welche Familie er hineingeboren wird, wie die Eltern miteinander umgehen, wie viele Geschwister es gibt, an welcher Stelle in der Altersabfolge der Geschwister man aufwächst.

Familie entsteht durch Beziehung zweier Menschen zueinander. Das Leben eines Menschen ist entscheidend davon geprägt, wie die Eltern ihre Beziehung leben.

Die Fähigkeit zur Liebe und zur Beziehung unterscheidet den Menschen von allen Tierarten. Durch seinen Verstand ist der Mensch fähig, sein Sozialverhalten über den natürlichen Instinkt hinaus zu steuern. Er ist fähig zu großer Liebe und Treue, aber ebenso zur Untreue und zum Hass. Das, was den Menschen ausmacht, ist die Möglichkeit zur freien Entscheidung für- oder gegeneinander.

Die ideale Familie ist ein Ort der Geborgenheit. Die Großfamilie war in vielen Naturvölkern und auch in unserem Kulturkreis bis ins 20. Jahrhundert hinein üblich. Die Fürsorge für die Kranken und Alten war selbstverständlich, so wie sie auch im vierten Gebot im Alten Testament benannt ist: »Ehre deinen Vater und deine Mutter, damit du lange lebst in dem Land, das der Herr, dein Gott, dir gibt.« (Ex 20,12)

In früheren Jahrhunderten war es von entscheidender Bedeutung, aus welcher Familie ein Mensch stammte: ob aus adeliger oder bürgerlicher Familie oder von Leibeigenen. In abgewandelter Form ist das vielleicht auch heute noch gültig.

Im Alten Testament hören wir von den Stämmen des Volkes Israel, die aus verschiedenen Familien gebildet wurden. Stammesgeschichte als Familiengeschichte (Genealogie) zu erzählen, davon lebt die Geschichte Israels im Alten Testament. Jede Familie, jeder Stamm hatte eine bestimmte Aufgabe innerhalb des Volkes.

Da die familiären Zusammenhänge von entscheidender Bedeutung sind, wurden die einzelnen Positionen in der Familie schon früh als Bild und Symbol gebraucht. »Wie Bruder und Schwester sein« galt oft als Beispiel für friedliches Miteinander, als Negativbeispiel wird immer wieder das Motiv des »Bruderzwistes« aufgeführt wie bei Kain und Abel.

Ein *Kind* entsteht aus der Liebe zwischen Mann und Frau. Es ist etwas, das von ihnen beiden kommt und sie verbindet. Ein neugeborenes Kind kommt in die Welt der Erwachsenen wie ein kleines Wunder. Hilflos und winzig, löst es in den Erwachsenen einen Beschützerinstinkt aus. Einem Kind gibt man Liebe und Geborgenheit. Ein Kind ist der Umwelt und den Menschen, die es umsorgen, ausgeliefert. Es ist klein und eigentlich unbedeutend. Und doch – wird in eine Gruppe ein kleines Baby gebracht, dann lenkt es alle Blicke und Aufmerksamkeit auf sich. Kinder faszinieren die Erwachsenenwelt. Wachsen sie heran, bestechen sie durch ihre Offenheit und schöpferische Entdeckungsfreude. Sie treten in das Leben in all ihrer Ursprünglichkeit und Offenheit, unverdorben und ganz. Aber gerade weil sie so ursprünglich und offen sind, sind sie auch leicht zu beeinflussen und damit auch gefährdet. Sie sind lenkbar und formbar, sie bedürfen der Erziehung. Leider verschwindet mit dieser Erziehung häufig auch die Offenheit und Ursprünglichkeit.

Jesus sagt im Neuen Testament: »Wenn ihr nicht werdet wie die Kinder, könnt ihr nicht in das Reich Gottes gelangen.« (Mt 18,1–5) Häufig ist im Neuen Testament von der »Gotteskindschaft« der Menschen die Rede, nicht zuletzt auch deshalb, weil Jesus selbst Gott seinen geliebten Vater nennt, dessen Kind er ist. Gott wie ein Kind gegenübertreten, das meint wohl in aller Offenheit und allem Vertrauen, das ein Kind seinen Eltern entgegenbringt. Wenn ein Kind zugleich größte Schwäche und schöpferische Ursprünglichkeit symbolisiert, erstaunt es, dass in vielen alten Religionen Gott selbst als Kind dargestellt wird.

Erzählungen vom Gott-Kind gibt es in fast allen alten Religionen (in Griechenland Dionysos und der Knabe Zeus, in Indien Krishna usw.). Dem Christentum eigen ist, dass Gott Mensch wird und als Kind geboren wird. In Jesus Christus kommt Gott zu den Menschen, liefert sich ihnen aus – hilflos wie ein Kind, weil er die Menschenfreund-lichkeit Gottes zu den Menschen bringen möchte. Aber auch schon damals wurde diese Botschaft nicht verstanden.

Vater und Mutter – das sind die frühesten Erinnerungen von Kindern, von Menschen überhaupt. Mutter und Vater prägen in entscheidender Weise das Leben eines jeden Menschen: durch die Art, wie sie leben und sich geben, wie sie erziehen oder auch dadurch, ob sie für das Kind da sind oder nicht.

Weil das so ist, spielte die Vater- bzw. Mutterrolle in den meisten menschlichen Gemeinschaften eine entscheiden-de Rolle. In vielen Völkern und Gesellschaften war und ist sie genau festgelegt. Die Rollen sind genau verteilt.

Der *Mutter*, der Frau oblag die Arbeit rund um den Haushalt, die Kindererziehung, das Bestellen der Felder. So sind dem Mütterlichen Attribute zugeordnet worden wie Geborgenheit, Sorgen für andere usw. Der indoger-manische Wortstamm Mutter weist auf den biologischen Bereich des Empfangens und Gebärens (das lateinische »mater« kann sowohl Mutter als auch »Wurzelstock, Baumstumpf« heißen). So wurde die Muttersymbolik zum Archetypus, zum Zeichen von Fruchtbarkeit: die bergende Höhle des Mutterschoßes, die Geborgenheit gibt, die Brüste, die Nahrung und damit Leben schen-ken.

Mutter werden, das bedeutete neues Leben, Mutter sein war die Quelle, die am Leben hält und die Geborgenheit schenkt. Die Frau, die Mutter bearbeitete die Erde, die genau wie sie Leben und Nahrung schenkt und neues Leben hervorbringt.

Daher rührt es auch, dass in frühen Kulturen die Erde als die »große Mutter« verehrt wurde. Die große Mutter gibt nicht nur Leben, sondern sie nimmt den Menschen im Tod auch wieder zu sich. »Die Erde ist unsere Mutter«, so singen auch die Indianer Nordamerikas in ihren alten Liedern.

Um die Zeitenwende wurde Isis, die Gemahlin des Toten-gottes Osiris, im ganzen Mittelmeerraum als »süße, hei-lende Mutter« verehrt. Im biblisch-christlichen Bereich setzt sich dieser Mutterkult fort in Gestalten wie der »Ur-mutter« Eva und der »Gottesmutter« Maria, die als Mutter Jesu in der Frömmigkeitspraxis der Christen zur Mutter der ganzen Christenheit wurde.

Dem Mann, dem *Vater* kam der »aktive« Teil des Lebens zu: Jagen und Krieg führen, für die Sicherheit der Familie sorgen.

Bei einem Großteil der Völker, Kulturen und Religionen wird das Männliche, Väterliche mit dem Aktiven und Schöpferischen verbunden, mit der rechten Seite und dem aufwärts Strebenden.

Der indogermanische Vaterbegriff ist überwiegend recht-lich und sozial gefärbt. Der Vater (lat.: pater) ist Herr, Herrscher, Oberhaupt, als Erzeuger heißt er parens oder genitor. Der Mann war der Ernährer, Zauberer und Künst-ler.

Durch sein Vater- und Mutter-Sein wird der Mensch selbst zu einem Symbol Gottes. Ob Gottheiten väterliche oder mütterliche Züge annahmen, war sehr von der patriar-chalischen oder matriarchalischen Struktur der unterschied-lichen Völker bestimmt. Muttergottheiten, durch ihre Erd-verbundenheit und sichtbare Fruchtbarkeit, wurden schon in prähistorischer Zeit in Bildern vergegenwärtigt. Vatergottheiten, so auch der Gott der Bibel, wurden durch die patriarchalischen Strukturen der Gesellschaften geprägt. In vielen patriarchalen Strukturen wurde die Dar-stellung des Vatergottes untersagt.

Durch Christus selbst, der Gott »Abba«, seinen lieben Vater nennt, wird für das Christentum das Bild von Gott, dem Vater untermauert (z. B. im »Vaterunser« oder im Glau-bensbekenntnis).

Dass Gott sowohl väterliche als auch mütterliche Züge annimmt, wird erst in neuerer Zeit wieder betont, obwohl schon das Alte Testament Gott sowohl väterliche als auch mütterliche Attribute zuschreibt.

# Berufe

*Bauer* oder Landwirt ist ein Beruf, der in unserer Gesell-schaft an Ansehen eingebüßt hat. Er ist ein Erwerbszweig unter vielen, subventioniert und eingeschränkt. Und doch ist es einer der Berufe, ohne den wir Menschen heute nicht existieren können. Es ist einer der ältesten Berufe überhaupt.

In der Zeit, als aus den Jägern und Sammlern Hirten und Bauern wurden, war die Bearbeitung des Bodens und das Bestellen mit Pflanzen, die den Menschen zur Nah-rung dienten, die Lebensgrundlage menschlicher Existenz. Die Menschen wurden sesshaft und damit veränderte sich ihre gesamte Lebensweise, ihre Wert- und Weltvorstellun-gen.

Der Bauer ist der, der mit der Erde, dem Leben verbun-den ist. Er kennt sich aus mit dem Wetter, mit dem Boden, den er bearbeitet, und mit den Maschinen bzw. den Tieren, mit denen er arbeitet. Er kennt sich aus mit den Menschen, denen er seinen Ertrag verkauft.

Im Alten und Neuen Testament begegnen wir immer wie-der dem Menschen, der den Boden bearbeitet. Schon bei Kain und Abel wird der Aufgabenbereich der Menschheit schlechthin in den Ackerbauern und den Hirten aufge-teilt. Propheten und Könige werden von ihrer Arbeit auf dem Feld weggerufen. Das Bearbeiten des Bodens, das Säen und Wachsen der Saat diente Jesus häufig als Gleichnis.

In der christlichen Tradition bearbeitet der Bauer die Er-de, die Gott uns anvertraut hat. In der Eucharistiefeier danken wir Gott für Brot und Wein, die Frucht der Erde und der menschlichen Arbeit.

Das Bild vom »guten Hirten« ist uns von der Bibel her ver-traut. Der *Hirte* als Beruf begegnet uns in unseren Brei-tengraden nur noch höchst selten; wenn überhaupt, dann ausschließlich als Schafhirte. Woanders begegnet man den Hirten noch wesentlich häufiger: in den orientali-schen Ländern den Nomaden mit ihren Schafen, Ziegen und Kamelherden, in den östlichen Ländern, z. B. Un-garn, den Rinder- und Pferdehirten, in Lateinamerika und Nordamerika den Rinderhirten, den »Cowboys«.

Der Beruf des Hirten ist wie der des Bauern einer der ältesten Berufe überhaupt. In der Zeit, als die Menschen sesshaft wurden und Ackerbau betrieben, wurden auch die Tiere domestiziert und die Zeit der Hirten und Noma-den begann. Die Tiere bildeten den Besitz, die Lebens-grundlage für Nahrung und Kleidung und oft auch Be-hausung. Die Tiere mussten gehütet, auf gute Nahrungsplätze und an Tränken geführt werden. Das Hüten der Herde beanspruchte den Einsatz aller Kräfte zum Schutz der Herde gegen Raubtiere und menschliche

Räuber. Da ist es nicht verwunderlich, dass dem Hirten Attribute wie Beschützer, Nahrungsgeber, »der am Leben hält und sicher führt« zugesprochen werden.

An den Anfängen der großen religiös geformten Kulturen stehen nomadische Lebensformen. Da der Hirte der ist, der den ihm anvertrauten Tieren Schutz und Heil zukommen lässt, werden viele Gottheiten zugleich als Hirte und Heiland erfahren. Auch Könige verstehen sich als Hirte und Heiland ihres Volkes, so z. B. auch der indische Hirtengott »Krishna mit der Flöte« oder Hermes im alten Griechenland. Solche Gottheiten lehren die Menschen auch Kulturtechniken und schenken das Wissen um die heilenden Kräfte der Natur.

Auch der Gott der Bibel ist ein solcher Schutz- und Heil-Gott, ein Hirte, der dem Verlorenen nachgeht, wie es Psalm 23 eindringlich beschreibt. Er sorgt sich nicht um sein »Gott-Sein«, wie es bei außerbiblischen Gottheiten oft der Fall ist, sondern er sorgt sich um das Heil der Menschen. So wird auch sein Sohn Jesus Christus zum »Guten Hirten« und »Heiland« der Christen.

Das Bild des Hirten birgt noch einen anderen, negativeren Aspekt. In der Kultur Israels zur Zeit Jesu gehören die Hirten zu den Verachteten, die nicht einmal zum Gebet in den Tempel durften. Die Hirten sind die, die immer »draußen« leben, die nach ihren Tieren stinken und keine Bildung haben. Im Neuen Testament in der Weihnachtsgeschichte machen die Hirten auf dem Feld deutlich, dass Gott seinen Heiland gerade den Verachteten und Unmündigen schickt, um ihnen zur Gerechtigkeit zu verhelfen und sie zu erlösen.

Mit den *Fischern* haben wir in unseren Breitengraden nur dann etwas zu tun, wenn wir an der Küste leben. Der Fischfang war naturgegeben immer den Völkern und Menschen vorbehalten, die an größeren Gewässern lebten. Sie entwickelten demgemäß auch ganz eigene Kulturen und waren in der Technik des Bootsbaus besonders bewandert.

Wenn der Bauer der ist, der die Erde bearbeitet, damit sie Frucht bringt, und der Hirte der ist, der seine Herde leitet und führt, ist der Fischer der, der sammelt. Er sammelt Früchte, die er selbst nicht gesät hat. Er fischt die Fische der Seen und Meere so, wie sie von der Natur gegeben sind.

Für diese Tätigkeit bedarf er einer besonderen Kenntnis der Gezeiten, des Wetters und der Stürme. Er muss wissen, wie das Leben unter Wasser aussieht, damit er erkennen kann, wo die reichen Fischgründe sind.

Den großen Fang macht er nicht am Tag, sondern in den Stunden der Dämmerung und in der Nacht.

Der Fischer ist vertraut mit dem Element Wasser. Er begibt sich hinaus auf das Meer, in die Gefahr. Der Fischer erscheint von den drei genannten Berufen der zu sein, der am gefährdetsten lebt, dem Wind und den Wellen ausgesetzt.

Seinen Arbeitsgeräten muss der Fischer große Aufmerksamkeit widmen, insbesondere seinem Boot und dem Fanggerät. Deshalb ist nicht so sehr der Fischer selbst ein Symbol geworden, sondern die Dinge, die er benutzt: das Boot und das Netz, das neben Speeren und Harpunen das wichtigste Fanggerät ist.

Das Netz ist im Laufe der Zeit zu einem ambivalenten Symbol geworden. Zum einen ist es etwas, worin man sich verfangen kann und das deshalb gefährlich ist, zum anderen etwas, das verbindet, das sammelt und zusammenführt. Der Pflege des Netzes widmet der Fischer einen großen Teil seines Tagewerkes.

Im Alten Testament findet im Gegensatz zum Bauern und Hirten der Beruf des Fischers nur wenig Erwähnung. Er erlangt erst durch das Neue Testament für uns Christen eine größere Bedeutung, weil die Menschen, die Jesus zuerst in seine Nachfolge beruft, Fischer vom See Gennesaret sind.

Bei ihrer Berufung prägt Jesus den Begriff vom »Menschenfischer« für die Personen, die mit ihm Menschen für das Reich Gottes gewinnen.

Es sind die verschiedensten Assoziationen, die uns einfallen, wenn wir das Wort *»König«* hören.

Vielleicht denken wir an die vielen Könige, von denen die Märchen der Völker erzählen, an die Prinzen und Prinzessinnen, die verwunschen und erlöst werden. Macht und Reichtum, viel Glitter und Pracht fällt uns vielleicht ein.

Oder wir denken an die Adelsreste in den verschiedenen Ländern Europas, die uns etwas verstaubt und angekratzt in ihrer Herrlichkeit vorkommen und deren mehr oder minder gewichtige Skandale von einer großen Zahl Menschen mit Anteilnahme und Neugier verfolgt werden. Was auch immer uns einfällt, der Gedanke an einen mächtigen König, an die Königin mit ihrem Gefolge, an den Prinzen oder die Prinzessin, der/die uns erlöst aus der Eintönigkeit des Alltags, ist uns allen nicht ganz fremd.

Von Königen und Prinzen ist die Welt schon lange voll: in der Realität, aber auch in den Träumen und Märchen der Völker und in den Wunschträumen vieler Menschen. Mittlerweile werden diese Königsträume vielleicht abgelöst durch den Traum, ein großer Star zu sein – im Sport, im Film, in der Musik. Aber der Inhalt dieser Wunschträume bleibt gleich: Ansehen, Macht und Reichtum gewinnen, ganz oben sein, der oder die Erste, der oder die Beste, umjubelt von der Menge – allerdings bleibt es für die meisten ein Traum.

Königreiche gab und gibt es fast überall auf der Welt. Die Geschichte vom Herrschen und Dienen ist uralt. Die meisten Menschen möchten gerne herrschen, müssen aber dienen.

In manchen Völkern, etwa bei den Ägyptern oder den Inkas, war der König gleichzeitig der höchste Gott des Volkes. Im Gegensatz dazu war das Volk Israel zunächst ohne König, denn Gott selbst war der Höchste, sodass es eigentlich keines weltlichen Königs bedurft hätte. Aber, so erzählt es das Alte Testament, das Volk verlangte nach einem menschlichen König.

In Gottes Augen ist das ein törichtes Verlangen, aber dennoch gibt er diesem Verlangen nach. Es tritt ein, was vorauszusehen war: Nach den ersten Königsgenerationen zerfällt das Reich und brechen Machtstreitigkeiten unter den Erben aus, die das ganze Volk entzweien.

Erst mit Jesus Christus wird das eigentliche Königtum Gottes wieder hergestellt. Mit seinem Auftreten wird aber auch jedes weltliche Königtum auf den Kopf gestellt. Er ist der König, der dienen will und nicht herrschen. In seinen Reden vom Reich Gottes macht er deutlich, dass alle Königreiche der Welt vergänglich sind, das Königtum Gottes aber auf ewig Bestand hat.

Der *Clown* bzw. der Narr ist das Gegenbild zum König. Der König, der in Weisheit regiert und der Macht hat über seine Untertanen – wer kann ihm die Wahrheit sagen? Der Narr.

Der Hofnarr war an den Höfen derjenige, der den König und seine Gäste zum Lachen zu bringen hatte, der aber auch als Einziger ungestraft dem König die Wahrheit sagen durfte. In Naturreligionen standen »Narren« sogar im Ruf der Heiligkeit und waren unantastbar.

Narren sind Propheten, weil sie den Menschen einen Spiegel vorhalten, der ihnen zeigt, wer und was sie wirklich sind.

Im Laufe der Zeit sind aus dem Narren unterschiedlichste Figuren geworden, wie sie beim fahrenden Volk auf Jahrmärkten oder im Zirkus auftraten. Wir kennen den Narren wie bei Till Eulenspiegel mit dem Narrenspiegel und der Narrenkappe, den Clown mit seinem viel zu großen Anzug, der Glatze und der roten Nase, den Gaukler, der viele Gestalten annehmen kann, den Harlekin in seinem bunten Gewand, den Pierrot mit seinem weißen Gesicht und seinem vornehmen Getue. In ihrem überzeichneten Auftreten, den oft zu großen Kleidern, den bunt geschminkten Gesichtern verbirgt sich etwas von der tiefen Sehnsucht der Menschen nach Freiheit und Wahrheit, nach Ausgelassenheit und Fröhlichkeit, nach Echtheit und Liebe.

Tragisch wird die Figur des Narren, der alle zum Lachen bringt, aber dennoch in seinem Herzen tief traurig ist. Er ist hin und her gerissen zwischen seiner Aufgabe und den Anforderungen seines Lebens. Viele Menschen finden sich in der Figur des Clowns wieder, weil sie genau diese Zerrissenheit selbst erleben. Sie spielen eine Rolle, die sie in Wirklichkeit nicht selbst sind.

Als Clown, als Narr darf man offen und ehrlich seine Gefühle zeigen, als Clown und Narr trägt man eine Maske und kann vielleicht gerade deshalb sein wahres Gesicht zeigen, muss es nicht mühsam verbergen.

Obwohl es die Figur des Clowns zur Zeit des Alten und Neuen Testaments noch nicht gab, gab es Figuren, die diese Narrheit oder Wahrheit des Lebens verkörperten. Die Narren des Alten Testaments sind die Propheten, die die Wahrheit sagen. Im Neuen Testament macht Christus selbst sich zum Gespött der Menschen, weshalb Künstler das Motiv »Christus, der Narr« aufgreifen.

Der Apostel Paulus schreibt in einem seiner Briefe: »Wir sind Narren um Christi willen« (1 Kor 4,10), und als Narren um Christi willen verstanden sich viele Heilige, z. B. Franz von Assisi, Philipp Neri, Jacopone da Todi, Maria von Magdala, Theresia von Kalkutta.

Im Laufe der Zeit wurde der Clown zu einer Gleichnisgestalt für unser Leben. »Der Mensch, der in seiner Narretei der Welt den Spiegel vorhält, der ›letzte Freigelassene der Schöpfung‹ (Jürgen Moltmann), der so frei ist, den Unmündigen die Wahrheit zu sagen und als Ohnmächtiger das Zepter zu schwingen, der ganz normale Mensch, dessen Normalität alle in Aufregung versetzt« (Heinz Tiefenbacher) – das ist der Clown.

# Unsere Sinne

## A 1 Unsere Sinne (Mandala)

Das Arbeitsblatt A 1 stellt unsere Sinne – Sehen, Hören, Riechen, Schmecken, Reden – sowie in Hand und Fuß unsere wichtigsten Gliedmaße dar, mit denen wir unser Leben gestalten und unsere Fähigkeiten entfalten können.

## Stilleübung/Wahrnehmungsübung: Ankommen
*Die TN sitzen im Stuhlkreis. L spricht:*

Wir sind hierher gekommen, um miteinander …
*(L nennt hier den Grund des Beisammenseins.)*

Aus den unterschiedlichsten Familien und Wohnungen sind wir hier eingetroffen.
Ich lade euch jetzt ein, einmal ganz ruhig zu werden.
Wir stellen beide Füße auf den Boden
und legen die Hände auf die Oberschenkel.
Wir schließen die Augen.
In Gedanken verlassen wir noch einmal unsere Wohnung und machen uns auf den Weg hierher.
Wenn wir in Gedanken hier angekommen sind und auf unserem Stuhl Platz genommen haben, wollen wir mit allen Sinnen wahrnehmen, wo wir sind.

Wir spüren.
Wir spüren den Stuhl, auf dem wir sitzen.
Wir spüren unter unseren Fußsohlen den Boden.
Wir spüren mit unseren Handflächen unsere Beine.
Wir spüren die Nähe der anderen Menschen im Raum.

Wir riechen.
Wir riechen die Möbel und die Tapete im Raum.
Wir riechen den Geruch der anderen Menschen.

Wir hören.
Wir hören die Geräusche,
die von außen in den Raum dringen.
Wir hören das Atmen der Menschen um uns.
Wir hören die kleinsten Geräusche.
Wir hören die Stille.

Wir sehen.
Wir öffnen die Augen.
Wir schauen.
Wir schauen genau hin.
Wir schauen geradeaus.
Wir schauen nach links und nach rechts.
Wir schauen hinter uns.
Wir schauen in die Mitte.
Wenn wir alles in Ruhe angeschaut haben, sind wir wirklich da.

Wir können beginnen *(mit dem Inhalt des Zusammentreffens).*

## Collage: Unsere Sinne
*Material: Tonpapier oder Stoff, Scheren, Stifte, ein großer Bogen Papier, Kleber*
Hände, Füße, Augen, Ohren, Nasen, Herzen werden auf Tonpapier oder Stoff gezeichnet und ausgeschnitten.
Aus den einzelnen Teilen wird auf einem großen Bogen Papier ein Gesamtbild, vielleicht auch eine Landschaft gestaltet, die die Begabungen der einzelnen Sinne zum Ausdruck bringt. Man kann auch zu einzelnen Teilen schreiben, wozu sie uns dienen können (positiv oder negativ).

## Ideenbörse und Pantomimenspiel
Auf einem Plakat werden gemeinsam Sprichworte und Redensarten zu den Sinneswahrnehmungen gesammelt, z. B.: Ich kann dich nicht riechen; wer Ohren hat, der höre; ich bin auf den Geschmack gekommen; das Herz auf dem rechten Fleck haben.

Anschließend versuchen die Kinder sie pantomimisch darzustellen. Die Spannung wird erhöht, wenn diese Pantomime in zwei Gruppen durchgeführt wird. L nimmt das Plakat an sich und nennt einer Gruppe eines der aufgeschriebenen Sprichworte. Die andere Gruppe muss raten, um welches Sprichwort es sich bei deren Spiel handelt.

### Lied: Hände, die schenken

2. Worte, die heilen, erzählen von Gott:
   Sie sagen, dass er zu mir steht.
   Worte, die heilen, befreien mich heut',
   sie sind das Licht dieser Welt.

3. Augen, die sehen, erzählen von Gott.
   Sie sagen, dass er auf mich schaut.
   Augen, die sehen, sie öffnen die Tür,
   sie sind die Hoffnung der Welt.

4. Lippen, die segnen, erzählen von Gott.
   Sie sagen, dass er mich erwählt.
   Lippen, die segnen, sind Freunde für mich,
   sie sind die Zukunft der Welt.

*T: Claus Peter März, M: Kurt Grahl*

Im Lied wird darauf aufmerksam gemacht, wie wir unsere Fähigkeiten zur Verbreitung von Gottes froher Botschaft einsetzen können.

### Tanz: »Hände, die schenken«
*Aufstellung: Ein Innen- und ein Außenkreis, zwei Partner/innen stehen sich gegenüber.*

*1. Strophe:*
Takt 1–2: Die Partner/innen reichen sich die Hände (Gebärde des Gebens).
Takt 3–4: Hände wie eine Schale nach oben führen.
Takt 5–6: Handfassung mit den Partner/innen und die Paare drehen sich umeinander.
Takt 7–8: Die Paare lösen die Handfassung, beide Kreise gehen zwei kleine Schritte nach links, sodass jede/r eine/n neue/n Partner/in hat.

*2. Strophe:*
Takt 1–2: Hand auf die Lippen legen, dann dem Gegenüber die Hand reichen.
Takt 3–8: wie Str. 1.

*3. Strophe:*
Takt 1–2: Hand auf die Augen legen, Gebärde des Sehens machen.
Takt 3–8: wie Str. 1.

*4. Strophe:*
Takt 1–2: Hand auf die Lippen legen, dann hält der Außenkreis segnend die Hände über die Partner/innen im Innenkreis.
Takt 3–8: wie Str. 1.

*Tanzbeschreibung: Walburga Schnock*

## A 2–3 Die Geschichte von Tao

Arbeitsblatt A 2 erzählt die Geschichte von dem kleinen Raben Tao, der die Fähigkeit verliert, seine Sinne zu gebrauchen, weil er seine ganze Aufmerksamkeit einem Goldstück zuwendet, das er gefunden hat. Mit Hilfe der weisen Eule und dem Glückskäferchen gelingt es ihm, seine Fähigkeiten wiederzuerlangen.
Nach dem Vorlesen der Geschichte werden die einzelnen Sinne und Fähigkeiten herausgearbeitet und in die entsprechenden Kästchen geschrieben. A 3 stellt eine Bastelvorlage für den kleinen Raben dar. Für jede wiedererlangte Fähigkeit wird eine Feder gebastelt, auf die der entsprechende Sinn geschrieben wird.

### Stoffcollage
*Material: Leinwand aus Nesselstoff, Filz oder buntes Tonpapier, schwarzes Tonpapier, Stifte, Kleber*
Auf eine große Leinwand aus Nesselstoff (Sackleinen) werden beim Erzählen die einzelnen Tiere, Blumen und Landschaften geheftet, die in der Geschichte vorkommen. Diese Dinge werden vorher aus Filz oder buntem Tonpapier ausgeschnitten. In der Mitte wird der Rabe Tao ohne Federn dargestellt. Die Federn werden aus schwarzem Tonpapier geschnitten und die Dinge, für die der Rabe seine Feder wiedererhält, auf die Federn geschrieben. Beim Erzählen der Geschichte werden sie jeweils wieder zum Raben geheftet.

### Szenische Darstellung
Die Geschichte wird von Kindern nachgespielt. Die Kostüme können aus einfachen bunten Tüchern bestehen.
Um die Dinge zu verdeutlichen, die der kleine Rabe wiederentdeckt, können sie im Verlauf der Geschichte von der »weisen Eule« an eine Tafel oder auf einen großen Papierbogen geschrieben werden.

## A 4 Gott kennt mich

Das Arbeitsblatt A 4 bringt im Psalm 139, im Bild und im Lied zum Ausdruck, dass wir unsere Fähigkeiten und Sinne von Gott anvertraut bekommen haben.

### Bild farbig gestalten
Das Bild zum Psalm stellt dar, wie Gott mich von allen Seiten umgibt. Die Kinder können in den Innenkreis ihren Namen schreiben und die Kreise mit den Farben des Regenbogens ausmalen.

**Umgang mit Psalm 139**
Wir hören ruhige, leise Musik. Eine/r liest nach einer Weile langsam den Psalm vor.
Wir lesen, jede/r für sich, noch einmal den Psalm.
Jede/r sagt langsam einen Satz, der ihr/ihm besonders wichtig erscheint.
Zwischen den einzelnen Versen lassen wir uns Zeit.
Wenn niemand mehr etwas sagen will, liest eine/r den ganzen Psalm noch einmal vor.

**Spiel zum Lied: »Ich freue mich und springe«**
Die Kinder stehen im Kreis. Beim Refrain springen sie auf der Stelle mit kleinen Schlusssprüngen. Zum Rhythmus von »Gott sei Dank« und »Tag entlang« klatschen sie mit.
1. Str.: Die Kinder zeigen ihre Hände hoch, spielen pantomimisch mit einem Ball und greifen nach imaginären Dingen.
2. Str.: Die Kinder zeigen ihre Füße abwechselnd, an der Stelle »... und die mich tragen« gehen sie hintereinander auf der Kreisbahn.
3. Str.: Die Kinder stehen im Kreis, halten sich an den Händen und schließen die Augen. Ab »lenk Hände und Füße« heben sie die Arme bei geschlossener Handhaltung langsam in die Höhe.

## A 5 Was ich gut kann

Das Arbeitsblatt A 5 fordert dazu auf, sich über die eigenen Fähigkeiten Gedanken zu machen und auch zu überlegen, wie man die eigenen Fähigkeiten gemeinsam mit anderen einsetzen kann, um das Leben zu gestalten.

**Verklanglichung: Der Blinde und der Lahme**

| Vorstellung | Umsetzung |
|---|---|
| Blinder | Melodie auf dem Metallophon. Immer, wenn der Blinde vorkommt, wird die Melodie wiederholt. |
| Lahmer | Melodie auf dem Xylophon. Immer, wenn der Lahme redet oder etwas tut, wird die Melodie wiederholt. |
| Waldbrand | Rasseln, Papierknistern |
| Gehen | Klanghölzer. Das Waldbrandgeräusch wird immer leiser. |

**Geschichte nachspielen**
In einem Raum wird ein »Hindernisparcours« aufgebaut. (Stühle, Tische, Folien als Wasser, kleine Hocker). Eine/r bekommt die Augen verbunden. Diese/r nimmt eine/n andere/n auf die Schultern. Der oben sagt nun, wie der andere durch den Parcours gehen soll. Man kann dieses Spiel auch als Wettspiel gestalten.

**Bilder malen**
Eine/r bekommt ein Bild (Kunstbild farbig oder Foto). Er/Sie beschreibt einem Partner dieses Bild.
Der/Die Partner/in sitzt mit dem Rücken zum/zur Bildbeschreiber/in und versucht mit Farben, das beschriebene Bild nachzumalen.

**Gestaltung: Wo liegen meine Fähigkeiten?**
*Material: Buntes Tonpapier, Scheren, Stifte*
Die Kinder schneiden wie in der Vorlage kleine Tonpapiermännchen aus buntem Tonpapier.
Jede/r überlegt, was sie oder er besonders gut kann, und schreibt es auf das Männchen (wenn es eindeutig ist, kann man die Fähigkeiten auch den Gliedmaßen zuordnen).
Eine andere Möglichkeit ist es, zwei Kinder zusammen arbeiten zu lassen, wo einer dem/der anderen sagt, welche Fähigkeiten er ihm/ihr besonders zutraut.
Die einzelnen Männchen werden dann auf ein Gesamtplakat (evtl. in Form eines Kreises oder Hauses) geklebt.

## A 6 Gott hat uns Talente anvertraut

Das Arbeitsblatt A 6 stellt das Gleichnis von den anvertrauten Talenten vor. Die Talente, hier Geldstücke, können im Gespräch auf unsere eigenen Fähigkeiten übertragen werden. Es wird herausgearbeitet, dass Gott (der Herr) uns diese Talente anvertraut hat, damit wir sie einsetzen für sein Reich. In einem Moment der Stille überlegen die Kinder, welche Talente sie selbst in diesem Sinne einsetzen können, und schreiben sie auf.

## A 7 Christus braucht unsere Hände

Das Arbeitsblatt A 7 vertieft im Text und in der Geschichte noch einmal den Aspekt von A 6, dass wir uns selbst mit allen unseren Fähigkeiten einsetzen müssen, um den Willen Gottes und den Auftrag Jesu in unserer Welt zu erfüllen.

**Verklanglichung: Die Maus mit der großen Seele**

| Vorstellung | Verklanglichung |
|---|---|
| Die kleine Maus | Leise, sanfte Töne auf dem Glockenspiel |
| Das Ohr | Handtrommel |
| Das chaotische Lärmen | Rhythmusinstrumente durcheinander |
| Das Auge | Fingercymbeln |
| Das Schreckliche, das zu sehen ist | Metallinstrumente durcheinander |
| Die Nase | Rumbarasseln |
| Der Gestank | Rasseln durcheinander |
| Die große Seele und die Wirklichkeit | Harmonische Dreiklänge (z. B. C – E – G) |

**Comic malen zur Geschichte**
*1. Ganz Ohr sein:*
In vielen kleinen Bildern werden auf ein Blatt die unterschiedlichsten Geräusche, die der kleinen Maus Angst machen, gezeichnet und geschrieben (Zackenblitze, Sprechblasen, Ohren ...).

*2. Ganz Auge sein*
Auf ein zweites Blatt wird all das Schreckliche gemalt, was die kleine Maus sieht und wovor sie Angst haben könnte.

*3. Ganz Nase sein*
Auf ein drittes Blatt all das malen, was der kleinen Maus in die Nase steigt und zum Himmel stinkt.

*4. Die große Seele*
Auf einem vierten Bild wird in vielen kleinen positiven Szenen dargestellt, wie die Wirklichkeit aussehen sollte. Anstelle eines gezeichneten Comics kann auch eine Collage aus Zeitungsbildern erstellt werden

## A 8  Auf jeden kommt es an

Das Arbeitsblatt A 8 bringt noch einmal zum Ausdruck, dass die einzelnen Sinne und Gliedmaßen aufeinander angewiesen sind, so wie wir Menschen aufeinander und auf Gott angewiesen sind, damit Leben und Zusammenleben gelingen kann. Die beiden Texte werden gelesen, miteinander verglichen und auf ihre Bedeutung für unser Leben und Zusammenleben hin gedeutet.

### Besinnung zur Geschichte: Das Auge
Zu dieser Geschichte sollten sich die Kinder spontan äußern. Die spontanen Empfindungen werden an der Tafel gesammelt.
Dann folgt eine Besinnung zu folgenden Fragen:
a) Wo liegen meine besonderen Fähigkeiten und Begabungen? Wie kann ich sie für andere und für mein Leben einsetzen?
b) Wo liegen die besonderen Fähigkeiten der Menschen, die mir nah sind? In meiner Familie, in der Schule, bei meinen Freunden …

### Mobile: Ein Leib und viele Glieder
*Material: Tonpapier, Stifte, Scheren, Nähgarn*
Zu dieser Bibelstelle kann man eine Mobile-Marionette basteln. Einzelne Körperteile eines Menschen werden auf Tonpapier gezeichnet und ausgeschnitten: Kopf mit Augen, Nase und Mund, Hände, Füße, Arme, Beine, Rumpf, Herz … Mit Nähgarn werden die einzelnen Körperteile zusammengefügt und am Kopf im Raum aufgehängt.
Vorher kann miteinander überlegt werden: Wer entspricht in unserer Gemeinschaft welchem Körperteil? Auf die entsprechenden Teile werden dann die Namen der einzelnen Personen oder Gruppen geschrieben.

## A 9  Sie haben einen Mund und reden nicht

Das Arbeitsblatt A 9 greift das Problem auf, dass wir unsere Fähigkeiten häufig nicht einsetzen, sondern lieber Augen, Ohren und Mund vor den Problemen in der Welt verschließen.

### »Die drei Affen«
In Anlehnung an die Darstellung der drei Affen, die nicht sehen, nicht hören und nicht reden wollen, sind auf dem Arbeitsblatt drei Personen dargestellt:

Die Erste hält sich die Augen zu, um nichts sehen zu müssen.
Die Zweite hält sich die Ohren zu, um nichts hören zu müssen.
Die Dritte hält sich den Mund zu, um nichts sagen zu müssen.
Im Gespräch wird nach der Beschreibung der Bilder erarbeitet, wo wir zu oft wegsehen, nicht hinhören oder betreten schweigen, anstatt den Mund aufzumachen. Dann kann jedes Kind diese Dinge auf dem Arbeitsblatt entsprechend eintragen.

### Fasten mit allen Sinnen
Unter diesem Stichwort findet sich im Werkbuch »Kommt und seht. Werkbuch zur Kommunion- und Beichtvorbereitung« auf Seite 59 eine entsprechende Anregung für die Fastenzeit.

### Türen an uns
So ist das Arbeitsblatt A 49 im Heft »Symbolkreis Haus – Stadt – Steine« überschrieben und bietet eine Besinnung mit unseren unterschiedlichen Sinnen an.

### Blinde sehen – Lahme gehen
Mit dem alttestamentlichen Text Jes 35,1–10 sowie dem neutestamentlichen Text Lk 7,18–23 kann verdeutlicht werden, dass Gott, dass Jesus uns heilen und uns dazu verhelfen will, unsere Sinne in rechter Weise zu nutzen.
Die beiden Textstellen können in ähnlicher Form wie das »Bibel-Teilen« (siehe Seite 66) besprochen und miteinander verglichen werden.
Mögliche Schritte:
1. Die Texte werden nacheinander gelesen.
2. Nach einer Stille nennt jedes Kind ein Wort oder einen Satz, der ihm besonders aufgefallen ist.
3. Nach einer weiteren Stille wird der Text noch einmal laut vorgelesen.
4. Alle tauschen aus, wie es ihnen mit dem Text gegangen ist, was ihnen wichtig, fraglich oder hoffnungsvoll erscheint.

## A 10  Riechen, schmecken und spüren

Den Sinnen Riechen, Schmecken und Spüren ist das Arbeitsblatt A 10 gewidmet. Aus den verschiedenen Bildern wählen die Kinder aus und schreiben in die Tabelle, welche Dinge man riechen, schmecken und fühlen kann. Es können auch Dinge benannt werden, für die manche Darstellung symbolisch steht, z. B. das Herz für »Liebe«.

### Wahrnehmung: Riechen
*Die Kinder sitzen im Kreis auf dem Fußboden. In der Mitte stehen ein Weihrauchfass mit glühender Kohle und ein Gefäß mit Weihrauchkörnern. L spricht:*

In der Mitte sehen wir ein Weihrauchfass.
In ihm brennt eine Kohle.
Daneben steht ein Gefäß mit Weihrauch.
Wir schließen die Augen, damit wir den Weihrauch besser riechen können.
Ich lasse jetzt die Weihrauchkörner im Kreis herumgehen.
Alle sind eingeladen, ihren harzigen Geruch aufzunehmen.

*L gibt das Gefäß mit den Weihrauchkörnern herum. Wenn alle daran gerochen haben, spricht er/sie weiter.*

Jetzt lege ich einige Weihrauchkörner auf die glühende Kohle.
Wir warten, bis der Geruch des brennenden Weihrauchs in unsere Nase dringt.
Dann öffnen wir die Augen.

### Wahrnehmung: Schauen, fühlen, riechen, schmecken

*Die Kinder sitzen im Kreis, in der Mitte steht ein Korb mit Äpfeln, für jedes Kind einer. L spricht:*

In unserer Mitte sehen wir einen Korb mit Äpfeln.
Sie sind das Jahr über an einem Baum gewachsen und gereift.
Sonne, Regen und Wind waren dazu notwendig.
Menschen haben sie geerntet.
Ich gebe jetzt jedem von euch einen Apfel.

*L verteilt die Äpfel im Kreis.*

Wir halten ihn ruhig auf unserer Hand.
Wir schauen unseren Apfel an.
Wir sehen seine Farbe.
Wir schauen uns seine Schale genau an.
Wir betrachten seine Form.
Vielleicht hat er noch einen Stiel, mit dem er am Baum befestigt war.
Wir schließen die Augen.
Wir befühlen unseren Apfel.
Langsam und sanft streichen unsere Finger über seine Schale.
Wenn wir ihn ganz mit unseren Händen ertastet haben, nehmen wir seinen Geruch mit der Nase auf.
Wir öffnen die Augen.
Jetzt schneide ich für jeden den Apfel quer durch.

*L geht im Kreis herum und schneidet die Äpfel quer durch.*

Wir betrachten das Gehäuse.
Es sieht aus wie ein kleiner Stern.
Wir sehen die Apfelkerne.
Wir sehen das saftige Fruchtfleisch.
Wir schließen die Augen und beginnen unseren Apfel zu essen.
Langsam kauen und schmecken wir.
Wer genug gegessen hat, öffnet wieder die Augen.

*Wenn alle Kinder ihren Apfel gegessen haben, ist die Wahrnehmungsübung beendet.*
*Diese Übung ist in ähnlicher Weise auch mit anderen Lebensmitteln durchführbar.*

### Schmeckspiele

Verschiedene Sorten Obst liegen (bei Bedarf geschält) auf Tellern nebeneinander. Die Kinder bekommen die Augen verbunden, dürfen von jedem Teller probieren und sagen, um welches Obst es sich handelt.
Ähnlich kann man auch mit unterschiedlichen Gewürzen in Pulverform verfahren. Hier ist es vielleicht nicht nötig, die Augen zu verbinden.
Denkbar sind solche Schmeckspiele auch mit unterschiedlichen Säften.

### Riechspiele

Ähnlich wie Schmeckspiele kann man mit unterschiedlichen Essenzen, Parfüms oder Räucherstäbchen auch »Riechspiele« gestalten.

### Kochen und essen

Um die Sinne Schmecken und Riechen bewusst zu machen, kann man gemeinsam ein Essen vorbereiten und in Ruhe miteinander essen.

# Symbolkreis Hand und Fuß

## A 11 Hand und Fuß haben (Mandala)

Das Arbeitsblatt A 11 stellt ein Mandala zum Thema dar. Das Herz in der Mitte kann dahin gehend gedeutet werden, dass unsere Handlungen und Bewegungen von der Liebe zu den Menschen, zu Gott und zu Gottes guter Schöpfung zeugen sollten.

### Hände

*Die TN knien im Kreis und sitzen auf ihren Fersen. Die Hände liegen auf den Oberschenkeln, die Handflächen zeigen nach oben, in der Mitte sind Handabdrücke oder Bilder von Händen zu sehen. L spricht:*

Wir knien und schauen unsere geöffneten Hände an.
Wir betrachten ihre Linien und Formen eingehend.

*Ruhige Musik einspielen.*

Mit der rechten Hand zeichnen wir die Linien unserer linken Hand nach.
Mit dem Zeigefinger der linken Hand ziehen wir die Linien der rechten Hand nach.
Wir schauen auf unsere geöffneten Hände.
Wir drehen sie um und betrachten die andere Seite:
die Adern, die Knöchel, die Finger.
Wir versuchen, jeden Finger einzeln zu bewegen:
den Daumen,
den Zeigefinger,
den Mittelfinger,
den Ringfinger,
den kleinen Finger.
Wir drehen die Hände und schauen sie rundherum an.
Wir legen die Hände ineinander.
Wir probieren mehrere Möglichkeiten aus.
Zum Schluss legen wir sie wieder geöffnet auf die Beine.

*Musik einspielen.*

### Fortbewegung mit unseren Füßen

Alle Kinder stehen im Raum verteilt. L erzählt eine frei erfundene Geschichte, in der unterschiedliche Formen der Fortbewegung vorkommen, z. B. langsam schreiten, beschwingt gehen, hüpfen, schleichen, laufen …
Immer wenn eine dieser Fortbewegungsarten in der Geschichte vorkommt, vollziehen die Kinder im Raum diese Bewegungen, entsprechend macht L eine Erzählpause.

### Dreibeinlauf

Zwei Kinder tun sich zusammen und stellen sich nebeneinander. Die Beine, die direkt nebeneinander stehen, werden zusammengebunden Jetzt versuchen mehrere Paare so miteinander um die Wette zu gehen.

## Wettläufe

Wettrennen sind seit alters her ein beliebter Sport. In Form einer Stafette können mehrere Mannschaften miteinander in verschiedenen Fortbewegungsarten um die Wette laufen.

Der Start wird markiert. In einer bestimmten Entfernung wird ein Stuhl aufgestellt, der zu umrunden ist.

Die einzelnen Wettläufe werden in unterschiedlichen Bewegungsformen durchgeführt. Das erste Kind beginnt. Mit einem Handschlag fordert es das nächste Kind zum Loslaufen auf, wenn es zurückkehrt.

Mögliche Bewegungen: Laufen, hüpfen, gehen, hüpfen im Schlusssprung (beide Füße gleichzeitig), rückwärts gehen, Dreibeinlauf (s. o.), Entengang (in der Hocke vorwärts laufen), auf allen Vieren vorwärts, Krebsgang (auf allen Vieren rückwärts laufen), …

# A 12 Unsere Hände

Das Arbeitsblatt A 12 bietet die Möglichkeit, die eigene Hand in Umrissen auf das Papier zu zeichnen. Im Text wird vorgestellt, was die Kinder alles mit ihren Händen tun können. Im Lied wird dann von der eigenen Hand auf die Fähigkeit der Berührung und des Spürens hingewiesen, das auch verdeutlicht, wie gut es ist, dass andere Menschen da sind.

## Spiel: »Ich hab eine Hand«

*Alle stehen oder sitzen im Kreis.*

*1. Strophe:*

Takt 1:     Alle zeigen die Hände vor.

Takt 2:     Alle reichen sich die Hände.

Takt 3–4:  Alle schütteln die gereichten Hände.

Takt 5:     Mit der rechten Hand zeigt jeder auf seine linke Hand.

Takt 6:     Mit der rechten Hand zeigt jeder auf die linke Hand seines Nachbarn.

Takt 7–8:  Hände reichen und schütteln.

*2. Strophe:*

Takt 1–4:  Die Handflächen werden wie eine Kette von einem zum anderen sanft aufeinander gelegt und gestreichelt.

*3. Strophe:*

Takt l:      Alle heben die Hände über die Augen und schauen sich um.

Takt 2:     Alle heben die Arme hoch.

Takt 3–4:  Alle reichen sich die Hände und schütteln sie.

*4. Strophe:*

Alle klatschen in die Hände.

## Der Tageslauf der Hände

*Die TN sitzen im Kreis, in der Mitte eine Abbildung von Händen.*

*Alle legen ihre Hände auf die Knie und betrachten sie. L spricht:*

Wir schauen unsere Hände an.
Wir brauchen sie notwendig zum Leben.
Ohne sie könnten wir das Meiste nicht tun.
Wir beginnen noch einmal unseren Tag und überlegen, was wir mit den Händen schon gemacht haben:

Sie haben uns beim Aufstehen geholfen.
Wir haben uns gewaschen, die Zähne geputzt und die Haare gekämmt.
Wir haben unsere Taschen getragen.
Wir haben geschrieben, gebastelt oder gemalt.
Wir haben gespielt, vielleicht auch Musik gemacht.
Diese unsere Hände haben heute schon eine Menge Arbeit geleistet.
Jetzt legen wir sie in unseren Schoß und lassen sie ruhen.

*Evtl. an dieser Stelle Musik einspielen.*

## Tastspiele

Auf einem Tisch liegen mehrere Dinge. Ein Kind wird mit verbunden Augen an den Tisch geführt und muss ertasten, was dort liegt. Für jeden richtig geratenen Gegenstand gibt es einen Punkt.

Das Spiel sollten mehrere Kinder nacheinander spielen. Es könnte Teil eines Wettbewerbs sein.

## Handabdrücke vergleichen

Es werden zwei Gruppen gebildet. Die eine Gruppe geht aus dem Raum.

Von jedem Mitspieler der anderen Gruppe werden mit einem Stempelkissen (oder dunkler Farbe) ein Handabdruck und Fingerabdrücke genommen. Das einzelne Blatt wird auf der Rückseite mit dem Namen des entsprechenden Kindes beschriftet.

Dann werden die Abdrücke in die Mitte auf den Boden gelegt. Jetzt kommt die zweite Gruppe herein und sieht sich die Abdrücke genau an.

Die Mitspieler, deren Handabdrücke auf dem Fußboden liegen, treten einzeln vor und reichen ihre Hand den »Untersuchern«. Diese dürfen mit Hilfe einer Lupe oder genauem Hinsehen nun die Abdrücke den Personen zuordnen, aber ohne die Namen aufzudecken. Am Ende wird verglichen, wie viele »Richtige« dabei waren.

## Mit den Händen reden

Mit Handzeichen ein Alphabet erfinden oder übernehmen und sich mit den Fingern in Zeichensprache unterhalten.

## Ohne Hände leben

Um einmal nachzuempfinden, wie es Menschen geht, die ihre Arme nicht gebrauchen können, versuchen Einzelne einer Gruppe mit nur einem Arm oder ohne Hand einen Tag zu leben. Man kann die Arme festbinden, damit man nicht in »Versuchung« gerät. Die anderen der Gruppe müssen sich bereithalten, dem Gefesselten zu helfen.

## Fingerspiele jeder Art

In Kindergärten sind Fingerspiele jeder Art bekannt, z. B.:
– Zehn kleine Zappelmänner
– Zwei Mädchen wollten Wasser holen
– Das ist der Daumen, der schüttelt die Pflaumen

## Fingerübungen

a) Die Hände werden ineinander gelegt, wie zum Gebet. Ein anderer tippt nun einzelne Finger an, die einzeln bewegt werden sollen.

b) Die Fingerkuppen werden locker auf eine Tischplatte gelegt. Dann werden die Finger einzeln hochgehoben und klopfen auf die Tischplatte. Die anderen Finger dürfen sich dabei nicht bewegen.

c) Die Hände werden in Kopfhöhe gehalten, die Finger liegen einschließlich Daumen dicht nebeneinander. Jetzt wird erst der kleine Finger abgespreizt, dann kleiner Finger und Ringfinger (die anderen Finger bleiben geschlossen nebeneinander), dann der Zeigefinger und dann der Daumen.

### Handabdrücke in Gips
*Material: Gips, ein flaches Gefäß, in das eine flache Hand passt, Wasser, Stock zum Rühren, Eimer, evtl. Abtönfarben oder Plakafarben und Pinsel*

In einem Eimer den Gips mit Wasser anrühren und dann in die flachen Gefäße füllen (Deckel von Pappschachteln o. Ä.). Wenn der Gips eine gewisse Festigkeit hat, aber noch nicht hart ist, wird die Handfläche in den Gips gedrückt. Wenn alles fest ist, wird der Gips aus dem Gefäß gelöst. Man kann die Handfläche oder die Umrahmung auch noch farbig anmalen.

### Handabdruck farbig auf Papier mit Namen
*Material: Großer Bogen weißes Papier, Abtönfarbe oder Fingerfarbe (Farbe, die nicht sofort an der Hand trocknet)*

Die Handflächen werden mit Farbe angemalt und dann auf den weißen Bogen Papier gedrückt. Man kann die Hände auch in einer bestimmten Reihenfolge aufdrucken, damit daraus ein Gesamtbild entsteht (z. B. ein Haus, ein Baum, eine Sonne, …). Wenn es um die Darstellung einer Gruppe geht, können nach dem Trocknen der Farbe mit Filzstiften die Namen in die Hände geschrieben werden.

### Poster gestalten
*Material: Großer Bogen weißes Papier, farbiges Tonpapier, Buntstifte, Klebstoff*

Die Handumrisse werden um die Hände auf Tonpapier gezeichnet und dann ausgeschnitten. evtl. die Namen darauf geschrieben. Die ausgeschnittenen Hände werden auf den weißen Bogen Papier geklebt, evtl. in einer bestimmten Form (s. o.). Man kann in die Hände auch hineinschreiben, was man mit ihnen tun kann.

Falls kein Tonpapier zur Verfügung steht oder man es einfacher möchte, zeichnet man die Handumrisse mit bunten Farben direkt auf den großen Papierbogen.

## A 13  Gott gab uns Hände

Das Arbeitsblatt A 13 macht deutlich, dass unterschiedliche Handhaltungen verschiedene Aussagen über den Zustand oder die Absichten eines Menschen treffen. Diese sollen neben den Abbildungen eingetragen werden. Der Text und das Lied bringen zum Ausdruck, was wir nach Gottes Willen mit unseren Händen tun sollen.

### Offene und geschlossene Hände
*Die Kinder knien im Kreis und sitzen auf ihren Fersen. Die Hände liegen auf den Oberschenkeln, die Handflächen zeigen nach oben, die Mitte ist thematisch gestaltet. L spricht:*

Wir schauen auf unsere geöffneten Hände.
Sie sind wie ein Gefäß, eine Schale.
Vieles wird in sie hineingelegt:

Dinge und Sachen, Geschenke, Verantwortung …
Wir denken darüber nach, was alles in unseren Händen gelegen hat und was heute darin liegt.

*Musik einspielen.*

Manchmal fällt es schwer, die Hand offen zu halten.
Wir wollen Dinge, Menschen, Macht besitzen und nicht wieder hergeben.
Wir schließen unsere Hände zur Faust. Eine Faust zu halten geht nur, wenn ich Kraft aufwende.
Die geschlossene Faust ist Zeichen der Gewalt.
In eine geschlossene Faust kann nichts mehr hineingelegt werden.
Wir öffnen unsere Hände wieder und schauen sie an.
Jetzt kann wieder etwas hineinkommen und herausgenommen werden.
Jetzt kann Beziehung entstehen.

### Spiel: »Die Hoffnung braucht Hände«
*Alle stellen sich paarweise in einer Reihe oder im Kreis auf. Beim Text »Die Hoffnung braucht Hände« werden die Hände über den Kopf gehalten und hin und her bewegt.*

1. Str.: Die Paare halten die Arme hoch und die Handflächen gegeneinander.
2. Str.: Alle halten die Hände hoch und spielen mit den Fingern.
3. Str.: Alle Paare machen die Gesten des Gebens und Nehmens.
4. Str.: a) Die Paare reichen sich die Hände;
         b) sie halten sich die Hände segnend über den Kopf.

Aus der 4. Strophe können auch zwei einzelne Strophen gemacht werden.

### Spielvorschlag zum Text: Gott gab uns Hände
*Drei Kinder spielen. Zwei stehen sich gegenüber (1 + 2), das Dritte (3) frontal dazu im Hintergrund.*

| Text | Spielanleitung |
|---|---|
| Gott gab uns Hände | *1 + 2 klatschen in die Hände.* |
| arbeiten | *1 + 2 spielen und arbeiten mit den Händen.* |
| lieben | *1 + 2 reichen sich die Hände.* |
| geben | *1 + 2 machen die Geste des Gebens und Nehmens.* |
| helfen | *1 hilft 2 auf, der/die in die Hocke gegangen ist.* |
| beschützen | *2 legt die Hände auf den Kopf von 1.* |
| Gott gab uns Hände | *1 + 2 klatschen in die Hände.* |
| trennen und zerstören | *1 hält 2 die Hände entgegen, 2 schlägt sie weg.* |
| hassen | *2 schüttelt die Faust gegen 1.* |
| stehlen | *1 macht die Geste des Wegnehmens.* |

| verweigern | *1 kauert hilflos am Boden, 2 dreht ihm den Rücken zu.* |
|---|---|
| kämpfen | *1 + 2 kämpfen miteinander.* |
| Gott streckte seine Hände … | *3 tritt vor und streckt 1 und 2 die Hände entgegen.* |
| … ans Kreuz | *1 und 2 nehmen je eine Hand von 3 und bringen sie in waagerechte Position, sodass 3 dasteht wie ein Kreuz.* |
| Die rühren sich nicht … | *1 und 2 wenden sich vom Kreuz ab.* |
| Es kam anders | *Reglos stehen bleiben.* |
| Gott streckte … | *3 streckt die Hände wieder 1 und 2 entgegen.* |
| Lieben, geben, helfen, schützen | *Wie zu Beginn* |

## A 14 Ein Wassergraben breit und tief

Anhand einer Geschichte und der biblischen Erzählung vom sinkenden Petrus wird verdeutlicht, wie wichtig eine helfende Hand ist, die in Gefahr oder in schwierigen Situationen da ist.

### Wassergrabenspiel
Aus blauen Tüchern wird ein »Graben« gelegt, erst schmal und dann immer breiter. Alle hüpfen darüber, und wenn es nicht mehr alleine geht, helfen die einen den anderen, wie in der Geschichte.
Wenn man das Spiel im Freien spielt, kann man entweder über einen richtigen Bach oder Graben springen oder aus Steinen einen Graben andeuten.

### Balancierspiele auf Stangen mit Handhilfe
Eine weitere Möglichkeit, eine »helfende Hand« zu erfahren, ist das Balancieren über eine Stange.
Eine/r balanciert über die Stange (oft als Umfassung von Rasenflächen zu finden) und jemand anders hält eine Hand.
Sollte es keine Stange geben, kann man auch über eine »Linie« balancieren.

### Spiel mit Tüchern zur biblischen Geschichte
*Material: Bunte Tücher, Tisch*
Das Boot wird durch einen umgedrehten Tisch gebildet, in dem die Jünger Platz nehmen.
Das Wasser des Sees wird mit blauen, grauen und türkisen Tüchern angedeutet. Wenn die Wellen das Boot hin und her schaukeln, spielen die Akteure mit Tüchern die Wellen.
Wichtig ist die pantomimische, langsame Gestik der Darsteller: etwa, wie die Jünger Angst haben, wie sie vielleicht versuchen, den Petrus zurückzuhalten, wie Petrus zu sinken droht und Jesus ihn rettet.

### Verklanglichung zur Geschichte

| Vorstellung | *Verklanglichung* |
|---|---|
| Die Jünger im Boot | *Langsame Schläge auf Holzblock* |
| Die Wellen, sanft | *Glissando auf Xylophon* |
| Der Wind | *Mit den Fingerspitzen über Handtrommeln fahren, Rumbarasseln.* |
| Wind und Wellen werden stärker | *Glissando auf dem Xylophon verstärken, Handtrommeln und Rasseln ebenfalls.* |
| Jesus kommt | *Melodie auf dem Glockenspiel erfinden und immer wiederholen.* |
| Angst der Jünger | *Handtrommel mit Schlegeln* |
| Petrus steigt aus dem Boot | *Klanghölzer, aufgeregt und Aufregung steigern* |
| Jesus hilft Petrus | *Jesusmelodie und Abklingen der Aufregung mit den Klanghölzern* |
| Der Wind lässt nach | *Xylophon und Rasseln werden leiser.* |

## A 15 Die kleine Hand und die große Hand

Das Arbeitsblatt A 15 vertieft noch einmal im Symbol der Hand, dass wir Menschen in Gemeinschaft leben und aufeinander angewiesen sind. Zum Text von der großen und der kleinen Hand können die Kinder überlegen und erzählen, wann sie schon einmal eine »große Hand« erfahren haben und wann sie vielleicht auch schon einmal selber die große Hand waren.
Das Bild »La cathédrale« von Rodin wird betrachtet und überlegt, wie die Beziehung der beiden Menschen dargestellt wird. (Sie sind dicht beieinander, berühren sich aber nicht – jeder bleibt eine eigenständige Person.)

### Partnerübungen: Wir spüren unsere Hände
(A) Die Partner sitzen sich gegenüber.
1. Jede/r Einzelne hält seine Handflächen dicht voreinander (0,5–1 cm) und spürt die Wärme, die entsteht.
2. Die Partner halten die rechten Hände mit den Handflächen zueinander in einem Abstand von ca. 0,5–1 cm. Alle spüren die Energie, die in dem Zwischenraum ausgetauscht wird.
3. Das Gleiche geschieht mit den linken Händen.
4. Jetzt werden beide Hände gleichzeitig mit den Handflächen voreinander gehalten (d. h. jeweils die linke Hand vor die rechte Hand des Partners/der Partnerin).
Alle drei Übungen werden eine Zeit lang durchgehalten.
Es schließt sich ein Gespräch an über das, was die Einzelnen empfunden haben.
Es kann auch sinnvoll sein, dass nur die Partner sich austauschen über das, was sie empfinden.

(B) Jetzt kniet der/die eine Partner/in sich hin. Der/Die andere reicht ihm/ihr die Hände, allerdings ohne sie wirklich zu berühren (Abstand wie oben), und hilft dem/der Partner/in aufstehen.

Dann gibt er/sie ihm/ihr die rechte Hand auf die gleiche Weise, ohne sie wirklich zu berühren, und führt ihn/sie durch den Raum.

Nach einer Weile werden die Rollen getauscht.

(C) Beide Partner sitzen voreinander. Eine/r von beiden schließt die Augen. Der/Die andere zeichnet mit seiner Hand und den Fingern das Gesicht des/der anderen behutsam nach, ohne es wirklich zu berühren.

Nach einer Weile werden die Rollen getauscht.

Anschließen können die Partner sich ihre Empfindungen mitteilen.

### Tanz: »Und der Kreis wird immer größer«

Alle stehen im großen Kreis, eine/r geht in der Mitte umher. Sobald die 1. Strophe beginnt, geht er/sie auf eine/n im Kreis zu und reicht ihm/ihr die Hand. Sie bilden eine Kette, und der/die Letzte holt jeweils ein nächstes Kind aus dem Kreis, bis bei der 3. Strophe alle Kinder in der Kette gehen und allmählich einen neuen großen Kreis bilden.

Bei der 4. Strophe stehen alle im Kreis, schließen die Augen und spüren die Hände der Nachbarn.

Bei der 5. Strophe gehen alle im Kreis herum und heben die Arme mit den geschlossenen Händen zum 2. Teil in die Höhe. Beim Refrain gehen alle 4 Takte rechts herum im Kreis, 4 Takte links herum, dann wieder 4 Takte rechts herum.

## A 16  Leere Hände

Das Arbeitsblatt A 16 verdeutlicht in Bild, Text und Lied, wie wir als Menschen mit leeren Händen vor Gott stehen und von ihm Hilfe und Zuwendung erfahren, um dann das, was wir mitbringen, vor Gott hinzustellen. Im Bild von Sieger Köder »Das Gastmahl der Sünder« ist es Jesus, der unsere leeren Hände mit Brot, letztlich mit sich selbst füllen möchte.

### Besinnung zum Lied

Das Lied »Die Hände sind leer« eignet sich als Kehrvers bei einer Besinnung. Alle sitzen und haben die geöffneten Hände auf die Oberschenkel gelegt. Das Lied wird gesummt und gesungen. Dann sagen Einzelne, was sie an diesem Tag mitbringen und vor Gott hinstellen möchten. Dazwischen wird der Kehrvers immer wieder gesungen.

## A 17  Heilende Hände

Das Arbeitsblatt A 17 stellt Jesus als den dar, der heilende Hände hat und Menschen in unterschiedlichen Geschichten durch die Berührung seiner Hände heilt. Die einzelnen Perikopen werden gelesen und herausgearbeitet, wie Jesus heilt.

### Partnerübung: Hand auflegen

Zwei Kinder knien voreinander. Sie legen sich nacheinander gegenseitig die Hände auf den Kopf und bleiben einige Zeit so in Stille. Dabei schließen sie die Augen. Dann wechseln sie. Anschließend werden die Empfindungen miteinander im Gespräch ausgetauscht.

### Partnerübung: Heilende Hände

Die meisten der Kinder werden erfahren haben, wie die Eltern bei Krankheit die Hand auf die Stirn gelegt haben. In einer Partnerübung wird das nachgespielt. Ein Kind legt sich auf den Boden, ein anderes legt die Hand auf seine Stirn und lässt sie eine Weile dort.

Bei einer anderen Übung kniet sich ein Kind hin oder sitzt auf dem Stuhl, das andere legt die Hände auf die Schultern. Wenn man vorher die Schultern ein wenig massiert hat, kann man deutlich spüren, wie durch die Hände Energie, Wärme fließt, die dem/der anderen wohl tut.

### Gestaltung: Heilung der Schwiegermutter des Petrus

| Text | Gestaltung |
|---|---|
| Jesus war mit seinen Freunden in das Gotteshaus, die Synagoge gegangen. Dort hat er mit ihnen gebetet. Er hat von Gott erzählt. Er hat aus der Bibel vorgelesen. | *Aus grauen und blauen Tüchern wird die Synagoge angedeutet. Eine große Jesuskerze wird in die Synagoge gestellt. Dazu wird eine Bibel gelegt.* |
| Als sie aus dem Gotteshaus kamen, gingen sie in das Haus von Simon und Andreas. Dort wollten sie miteinander essen. Aber die Hausfrau war krank. Sie hatte Fieber. Jesus ging zu ihr hin. Er legte ihr die Hand auf die Stirn. Da ging es ihr gleich wieder besser. Sie konnte aufstehen. Dann aßen und tranken alle zusammen. | *Aus braunen und beigen Tüchern wird das Haus des Simon und Andreas angedeutet.* <br><br> *Ein schwarzes Tuch wird über das Haus gebreitet. Die Jesuskerze wird zum Haus gestellt.* <br><br> *Das schwarze Tuch wird weggenommen, die Jesuskerze wird in das Haus gestellt. Ein Glas und ein Teller werden dazugestellt.* |
| In der Stadt hatte es sich herumgesprochen, dass Jesus da war. Alle kamen zum Haus von Simon und Andreas. Sie brachten ihre Kranken mit. Jesus legte ihnen die Hände auf und konnte vielen helfen. So verging der Tag. | *Ein grünes Tuch wird vor das Haus gelegt. Darauf werden ein Verband, Pflaster und Salbe gelegt. Die Jesuskerze wird dazugestellt.* |

## Szenisches Spiel: Heilung eines Aussätzigen

| Text | Spiel mit Tüchern | Verklang- lichung |
|---|---|---|
| Jesus ist mit seinen Freunden unterwegs. Er wandert durch Stadt und Land. | *Einige Kinder haben Tücher umgehängt, eins ein gelbes. Das Kind, das Jesus darstellt, hat zwei gelbe Tücher umbängen.* | *Mit Klanghölzern das Gehen nachmachen, ab und zu einen Ton auf der Triangel einfließen lassen.* |
| Vor einer Stadt kommt ein Kranker auf Jesus zu. Er ist aussätzig. Keiner darf ihn berühren, sonst wird auch er krank. Die Freunde Jesu strecken deshalb die Arme vor das Gesicht und sagen: »Geh weg!« Aussätzige sind sehr allein. | *Ein Kind mit schwarzem Umhang nähert sich Jesus.* *Die Jünger Jesu halten die Hände vor das Gesicht und strecken dann die Arme mit vorgestreckten Handflächen von sich.* *Der Aussätzige bleibt einen Moment außerhalb stehen.* | *Rumbarasseln schütteln.* *Die Klanghölzer klappern aufgeregt.* *Rumbarasseln* |
| Dieser Kranke aber ruft Jesus zu: »Wenn du willst, kannst du mich rein und gesund machen!« | *Der Aussätzige streckt Jesus seine Hände entgegen.* | *Rumbarasseln* |
| Jesus hat Mitleid mit dem Kranken. Er geht auf ihn zu. Die Freunde sind aufgeregt: »Was macht Jesus da, er wird ihn doch nicht berühren?« Jesus streckt seine Hand aus. Er berührt den Kranken und sagt: »Ich will es! Sei rein und gesund!« Im gleichen Moment verschwand der Aussatz und der Mann war gesund. | *Jesus geht auf den Kranken zu.* *Die Jünger halten erschrocken die Hände vor den Mund.* *Jesus streckt die Hand aus.* *Jesus legt dem Kranken eines seiner gelben Tücher um die Schulter.* | *Triangel* *aufgeregte Hölzer* *Triangel* *Triangel* *Schellenkranz statt Rumbarassel* *Triangel* |

### Tanz: »Blinde bleiben blind«

*Ausgangsstellung:: Alle kauern im Kreis, den Kopf gesenkt und das Gesicht der Mitte zugewandt.*

Takt 1–4:    Alle bleiben hocken.
Takt 5:       Alle stehen auf.
Takt 6:       Alle drehen sich nach außen.
Takt 7–8:    Alle gehen 4 Schritte nach außen und bleiben dann stehen.
Takt 9–12:  Alle heben die Arme und gehen rückwärts zurück zum Kreis.

Bei einem Zwischenspiel nehmen alle wieder die Ausgangsstellung ein.

## A 18  In Gottes Hand

Das Arbeitsblatt A 18 bringt die Geborgenheit in Gott zum Ausdruck, der uns gestaltet und geformt hat, wie es das Bild vom Töpfer aus dem Buch Jeremia erzählt.

### Wie Ton in der Hand des Töpfers

Die Kinder können verschiedene Tonfiguren töpfern.

### Spiel: »Er hält die ganze Welt …«

Eine Gruppe klatscht zum Lied (wenn möglich, immer auf die 2. und die 4. Taktzeit). Der Rhythmus kann auch durch Rhythmusinstrumente vorgegeben werden, z. B.: Taktzeit 1 und 3 mit der Handtrommel, Taktzeit 2 und 4 mit einem Schellenkranz, gegen den Handballen geschlagen.
Die anderen versuchen, pantomimisch das, was in der Strophe genannt wird, darzustellen. Bei der letzten Zeile bleiben alle immer stehen und beschreiben mit beiden Armen einen großen Kreis, der in den nebeneinander geöffneten Händen geschlossen wird.

## A 19  Wo ich dich getragen habe

Das Arbeitsblatt A 19 lenkt den Blick auf unsere Füße und die Wege, die wir mit ihnen gehen und gegangen sind. Die Geschichte verdeutlicht, dass unser Leben einem Weg gleicht, den wir mit Gott gehen. Gott begleitet uns auf diesem Weg – gerade in schweren Stunden.

### Weggestaltung mit Tüchern

*Material: Kassettenrekorder, Musik, bunte Tücher*
In der Mitte wird aus braunen Tüchern ein Weg gelegt. Die Kinder werden aufgefordert, bei ruhiger Musik an wichtige Ereignisse in ihrem Leben zu denken, die sehr schön waren. Wenn die Musik zu Ende ist, sucht sich jede/r ein buntes Tuch, das zu dem passt, woran er/sie sich gerade erinnert hat. Diese Tücher werden rechts und links des Weges gelegt, sodass noch Platz bleibt.
Jetzt werden die Kinder wieder aufgefordert, bei leiser Musik an Ereignisse zu denken, die in ihrem Leben traurig, böse und dunkel waren. Nach Beendigung der Musik legen sie schwarze Tücher zwischen die bunten Tücher am Weg.

### Umsetzung der Geschichte

Auf dem Arbeitsblatt ist ein Weg mit zwei Fußspuren angedeutet. Wie in der Geschichte beschrieben, sieht man in der Mitte nur eine Fußspur. Die Kinder werden aufgefordert, bei leiser Musik darüber nachzudenken, wann sie sich in schwierigen Situationen befunden haben. Mit kurzen Stichworten schreiben sie diese an den Weg, wo nur eine Fußspur zu sehen ist.
Dann überlegen sie, ob und wie sie sich in der Zeit von Gott getragen gefühlt haben. Darüber kann im Anschluss ein Austausch stattfinden.

### Fußspuren

Fußspuren kann man gut hinterlassen im Schnee, im Sand, auf lehmigem Boden …
Einige Kinder gehen auf solchem Untergrund einen Weg und verstecken sich an einem Ziel. Andere folgen ihren Spuren und versuchen, die Ersten zu finden.

### Fußabdrücke in Gips

Wie auf Seite 70 zum Thema Hand beschrieben, kann man auch mit Fußabdrücken verfahren.

### Poster gestalten

*Material: Großer Bogen weißes Papier, farbiges Tonpapier, Buntstifte, Klebstoff*
Es wird verfahren wie beim Poster mit Handabdrücken auf Seite 70.

Wenn man die Bilder mit Fußabdrücken als Weg gestaltet, kann es sinnvoll sein, dass dieser Weg zu einem Ziel führt: in der Adventszeit z. B. zur Krippe, in der Fastenzeit zum Kreuz oder zum offenen Grab, zur Auferstehungssonne … Man kann auch an den Weg noch Symbole bzw. Stationen malen.

### Fußabdrücke
Weitere Anregungen finden sich im Heft »Symbolkreis Weg«, Arbeitsblatt A 29.

### Die Fußspuren Gottes
Zu diesem Thema finden sich Anregungen im Heft »Symbolkreis Wüste – Wasser – Boot«, Arbeitsblatt A 9.

## A 20  Wohin wir schon gegangen sind

Das Arbeitsblatt A 20 lädt dazu ein, darüber nachzudenken, wohin wirt mit unseren Füßen Tag für Tag gehen und was wir mit ihnen tun können.

### Anschauung: Ein Paar Schuhe
*In der Mitte des Kreises steht ein Paar ausgetretene Schuhe. L spricht:*

Wir sehen in der Mitte ein Paar Schuhe.
Sie sind ausgetreten und verschlissen.
Sie sind schon manchen Weg gegangen, so wie wir.
Wir schließen die Augen und stellen uns ein Paar ausgetretene Schuhe vor, die wir getragen haben.
Vielleicht liefen sie viel, um anderen Menschen zu helfen.
Vielleicht liefen sie aber mehr, um für uns selbst etwas zu erreichen.
Es gab Tage, da wurden sie sehr leichtfüßig über die Wege getragen.
Es gab dann wieder Zeiten, wo die Füße schwer waren.
Was haben unsere Füße in diesen Schuhen am liebsten gemacht?
Wir öffnen die Augen und schauen wieder auf die Schuhe in der Mitte.
Bei leiser Musik denken wir über unser vergangenes Leben nach.

*Musik einspielen.*

### Zeige uns den Weg
A 34 im Heft »Symbolkreis Weg« hält weitere Vorschläge zu diesem Thema bereit.

## A 21  Heilung eines Gelähmten

Das Arbeitsblatt A 21 erzählt die neutestamentliche Geschichte von der Heilung eines Gelähmten. Die Kinder werden nach dem gemeinsamen Lesen aufgefordert, sich in die Personen der Geschichte hineinzuversetzen und zu überlegen, was diese Leute wohl über Jesus denken. Die wichtigsten Aussagen werden in die entsprechenden Sprechblasen eingetragen.

### Erfahrungsübung: Gehen
*Diese Übung sollte in einem Raum mit Teppichboden durchgeführt werden. Alle TN haben die Schuhe ausgezogen. L spricht:*

Wir stellen uns im Raum verteilt auf.
Wir stellen uns fest auf unsere Füße.
Wir schließen die Augen.
Wir spüren genau, wo unsere Füße den Boden berühren:
an den Zehen –
an den Fußballen –
an den Fersen.

*Leise Musik einspielen und Zeit lassen, um die Fußsohlen zu erspüren.*

Wir lösen einen Fuß von der Erde,
erst die Ferse, dann den Fußballen, dann die Zehen.
Langsam gehen wir einen Schritt vor.
Der zweite Fuß folgt dem ersten.
Wir öffnen die Augen
Ganz langsam gehen wir zur Musik im Raum umher.

*Musik einspielen, am Ende der Musik spricht L weiter:*

Wir bleiben stehen.

*Anschließen sollte sich ein Gespräch über die Empfindungen der TN bei dieser Übung.*

### Gehen auf unterschiedlichem Untergrund
In einem Garten, in dem sich unterschiedliche Bodenuntergründe befinden, führt eine/r den/die andere/n über diese unterschiedlichen Bodenbeschaffenheiten (Wiese, Kiesweg, Sand, Pflaster, Asphalt …). Die Person, die geführt wird, geht mit bloßen Füßen und schließt die Augen. Wichtig ist, dass beide sehr langsam gehen.

### Ich bin wie gelähmt
Nach einem Austausch darüber, was man alles nicht mehr könnte, wenn man gelähmt wäre, kann man miteinander darüber sprechen, wann man schon einmal »wie gelähmt« war.

### Spiel: Wie gelähmt
Alle gehen im Raum umher, erzählen, spielen, machen etwas miteinander. Auf ein bestimmtes Zeichen hin bleiben alle »wie gelähmt« stehen und verharren in der Position, die sie gerade eingenommen haben.

## A 22  Salbung und Fußwaschung

Das Arbeitsblatt A 22 greift zwei biblische Perikopen auf, in denen den Füßen eine besondere Bedeutung zukommt: zum einen die Szene, in der Jesus die Füße gesalbt und getrocknet bekommt, zum anderen die Fußwaschung beim letzten Abendmahl.

### Bildbetrachtung
Das Bild miteinander ansehen (evtl. in Farbe beim Kunstverlag Maria Laach bestellen, Karte Nr. 5685), die Gesten, die Augen beschreiben und überlegen, was die Menschen im Bild empfinden oder sagen.
Überlegen: Wo wäre ich gerne in dem Bild?
Das graue Bild mit Buntstiften bunt gestalten.

### Besinnung: Wasser zum Waschen
*Alle sitzen im Kreis. In der Mitte steht auf einem Tuch eine Schüssel mit Wasser. Daneben liegen ein Trockentuch und ein Fladenbrot. L spricht:*

In der Mitte sehen wir eine Schüssel mit Wasser.
Daneben liegt ein Handtuch zum Abtrocknen.
Wir denken einen Moment nach, wie es ist,
wenn wir schmutzig sind und uns dann waschen oder
gewaschen werden.
Wir fühlen uns danach ganz sauber und rein.
Jeder von euch darf jetzt nacheinander aufstehen,
sich in der Schüssel die Hände waschen
und danach mit dem Handtuch abtrocknen.

*Die Kinder kommen einzeln nacheinander in die Mitte
und waschen sich die Hände.*

Jesus sagt: Ich will euch die Füße waschen.
Petrus sagt: Nein, du sollst uns nicht bedienen, wir müssen es für dich tun.
Jesus sagt: Wer groß sein will, muss dienen.
Wenn ich dir nicht die Füße waschen darf, gehörst du
nicht zu mir.
Petrus sagt: Wenn das so ist, dann, bitte, wasche mir auch
die Hände und den Kopf.
Jesus sagt zu Petrus: Das ist nicht nötig. Du bist gewaschen. Du bist rein.
Nur noch die Füße muss ich dir waschen. Sie sind auf
dem Weg hierher wieder schmutzig geworden.
Ich will euch jetzt die Füße waschen und abtrocknen, so,
wie es Jesus für seine Freunde getan hat.
Wir wollen dabei ganz leise sein und an Jesus denken.

*L lädt die Kinder ein, Schuhe und Strümpfe auszuziehen. Dann geht L mit Schüssel und Handtuch im Kreis
herum und wäscht den Kindern die Füße.*

# Symbolkreis Auge, Ohr, Mund

## A 23 Sehen, hören, sprechen (Mandala)

Das Arbeitsblatt A 23 führt in die Sinnesorgane Augen,
Ohren und Mund ein. Beim Ausmalen des Mandalas können die Kinder überlegen, wozu diese Sinnesorgane sie
befähigen.

### Anschauungsübungen
Für die folgenden Übungen kann man einen Gegenstand,
ein Bild, eine Landschaft frei auswählen.
Es geht um das richtige Betrachten.

### Wir nehmen einen Raum, eine Umgebung wahr
*Die Kinder stehen im Raum verteilt. L spricht:*
Wir werden still und schließen die Augen.
Wir lassen alles hinter uns, was uns an diesem Tag bewegt hat.
Wenn wir uns frei und leer fühlen, öffnen wir die Augen
und schauen uns unsere Umgebung bewusst an.
Den Raum, die Menschen, die Dinge im Raum.
Vielleicht fällt uns etwas besonders ins Auge.
Wir gehen näher heran und schauen es an.
Wenn wir es genau betrachtet haben, gehen wir zurück
auf unseren Platz und schließen wieder die Augen.
Wenn wir sie wieder öffnen, bleiben unsere Augen an einem anderen Gegenstand hängen.
Auf den gehen wir wieder zu und betrachten ihn genau.

*Diese Übung kann weiter fortgesetzt werden.*

### Wir betrachten einen Gegenstand
*Ein Gegenstand steht in der Mitte eines Kreises oder jedes
Kind hält ihn vor sich in der Hand bzw. stellt ihn vor
sich hin. Wenn es sich um etwas Konkretes handelt, wird
anstelle des Wortes »Gegenstand« die entsprechende Bezeichnung genannt. (Auf dieselbe Weise kann man das
Gesicht eines Menschen betrachten.)*

In der Mitte (vor uns) sehen wir einen Gegenstand.
Wir betrachten ihn genau.
Millimeter für Millimeter gleiten unsere Augen an ihm entlang.
Wenn nötig, drehen wir ihn, um alle seine Seiten wahrzunehmen.
Wir hören leise Musik und betrachten unseren Gegenstand sehr genau.

*Musik wird eingespielt.*

### Stilleübung: Unser inneres Auge
*Alle sitzen im Kreis um eine gestaltete Mitte. Jede/r hat
Papier und Malstifte vor sich. L spricht:*

Wir sind hierher gekommen und haben vieles hinter uns
gelassen.
Wir versuchen, ruhig zu werden.
Wir schließen die Augen.
Vor unserem inneren Auge lassen wir noch einmal die Ereignisse des Tages (der letzten Woche, des letzten Jahres
…) wie einen Film ablaufen.
Vielleicht sehen wir bewegte Bilder,
vielleicht sind die Bilder ruhig.
Wir selbst werden immer ruhiger.
Bei allen Bildern, die in uns sind,
kommt vielleicht eines immer wieder.
Wir wollen versuchen, es festzuhalten.
Ruhe oder Unruhe, frohe oder traurige Zeiten.
Wir wollen versuchen, unser Bild zu malen.

*Jetzt wird leise Musik eingespielt, damit die TN in Ruhe
ihr Bild malen können.*

### Augen zeichnen
*Material: Papier, dünne Buntstifte*
Die Kinder tun sich zu Paaren zusammen.
Abwechselnd versuchen nun die Paare, ihre Augen in der
richtigen Farbe und Form gegenseitig abzuzeichnen. Man
kann die Paare auch wechseln, um verschiedene Augenformen und -farben zu entdecken. Am Ende kann man
versuchen, die Personen anhand der gezeichneten Augen
wiederzuerkennen

### »Schau mir in die Augen, Kleines …«
Ein beliebtes Spiel für zwei Personen war es immer, sich
gegenseitig in die Augen zu sehen, ohne wegzuschauen
und ohne zu lachen. Wer zuerst lacht oder wegschaut,
hat verloren.

### Sehspiele
a) Jemand beschreibt etwas ganz genau, was die anderen
   nicht sehen können. Die anderen müssen raten, um
   was es sich handelt bzw. nach der Beschreibung den
   Gegenstand zeichnen.
b) Auf einem Tisch liegen ca. zehn verschiedene Gegenstände. Ein/e Mitspieler/in schaut sich diese Gegenstände genau an. Dann werden sie zugedeckt und

der/die Spieler/in nennt alle Gegenstände, die er/sie sich merken konnte. Wer die meisten Gegenstände behalten hat, hat gewonnen.

### Ich seh' etwas ...

Mehrere Personen befinden sich in einem Raum. Eine/r darf beginnen, sucht sich einen Gegenstand im Raum aus und sagt: »Ich seh' etwas, das ihr nicht seht, und das ist (blau, gelb, irgendeine Farbe).« Die anderen raten, um welchen Gegenstand es sich handelt.

### Telegrafieren

Ein Spiel, das auf genauer Beobachtung beruht, ist das Spiel »Stille Post« oder »Telegrafieren«.

Die TN sitzen im Kreis und halten sich an den Händen. Eine/r steht in der Mitte. Jemand aus dem Kreis beginnt und sagt: »Ich schicke ein Telegramm an (Namen nennen).« Dann drückt er/ sie dem rechten oder linken Nachbarn die Hand und sagt: »Abgeschickt.« Der Händedruck wird durch den Kreis weitergegeben. Wenn er bei dem Empfänger/der Empfängerin des Telegramms angekommen ist, sagt diese/r: »Angekommen.«

Die Person in der Mitte muss in der Zwischenzeit versuchen zu entdecken, wo der Händedruck gerade ist. Wenn er/sie richtig rät, muss der/die, der/die gedrückt hat, in die Mitte. Kommt ein Telegramm bis zum Empfänger/zur Empfängerin durch, darf diese/r wieder ein Telegramm abschicken.

### Fernrohr, Nahrohr, Mikroskop

Mit einem Fernrohr zu experimentieren macht viel Spaß. Man versucht, die gleichen Dinge damit zu entdecken, oder dreht es einfach einmal um und sieht alles viel kleiner.

Ein »Nahrohr« muss man sich erst aus Papier basteln. Das Papier wird einfach zu einem Rohr gedreht. Durch dieses Rohr betrachte man sich genau einen kleinen Ausschnitt aus einem Raum, einem Bild o. Ä.

Durch ein Mikroskop kann man z. B. eine Blume zuerst als Ganze anschauen, dann die einzelnen Blütenblätter. Die neuen Entdeckungen kann man auch aufzeichnen.

### Farbfilter

Die Welt durch verschiedenfarbige Brillen sehen:

Einzelne Gegenstände werden angestrahlt. Dann wird verschiedenfarbiges Transparentpapier vor die Lichtquelle gehalten und so experimentiert, wie sich die Dinge bei unterschiedlichen Farben verändern.

Alternative: Farbfilter vor Lichtquellen halten (buntes Transparentpapier vor Dia) und Dinge damit anstrahlen

### Verklanglichung

Verschiedene, prägnante Dinge werden im Raum aufgestellt. In der Mitte des Raumes liegen die verschiedensten Orffinstrumente. Die TN versuchen nun nacheinander, die Gegenstände in der Mitte mit den Instrumenten zu verklanglichen. Die anderen raten, um welche Gegenstände es sich handeln könnte.

### Warum die Ohren wichtig sind

Auf einen großen Bogen Papier wird ein Ohr gezeichnet. Alle TN schreiben darum herum spontan auf, was ihnen zu diesem Bild einfällt: Tätigkeiten, Sprichworte, ...

Anschließend überlegen alle gemeinsam, was wir alles verpassen würden, wenn wir nicht hören könnten. Es kann auch um das Ohr ins Mandala geschrieben werden, entsprechend zum Auge und zum Mund.

### Was wir um uns herum hören

Wir befinden uns im Freien oder in einem Raum. Für einen Moment schließen wir die Augen und versuchen, »ganz Ohr« zu sein. Wenn wir nach einiger Zeit die Augen wieder öffnen, erzählen wir uns, was wir gehört haben. Wir können es auch aufschreiben.

### Triangel und Becken

*Alle sitzen im Kreis. L spricht:*

Ich halte eine Triangel (ein Becken) in den Händen.
Ich werde die Triangel (das Becken) anschlagen.
Wir schließen die Augen.
Wer den Ton nicht mehr hört, kann die Augen öffnen.

*Diese Übung dreimal wiederholen.*

### Flüstern in die Stille hinein

Die Kinder werden aufgefordert, die Augen zu schließen und ganz ruhig zu werden. In die Stille hinein sagt L, möglichst leise und flüsternd, was in der nächsten Zeit in der Gruppe getan wird.

### Geräusche/Instrumente erkennen

Verschiedene Instrumente oder Dinge, mit denen Geräusche hergestellt werden können, werden vorgestellt: Knistern mit Papier, Schreiben mit dem Bleistift, Orffinstrumente, ...

Alle haben einen Zettel und einen Stift vor sich.

Alle schließen die Augen.

Ein Instrument wird zum Klingen gebracht bzw. ein Geräusch wird erzeugt. Danach schreiben alle auf, um welches Geräusch/Instrument es sich gehandelt hat.

Es folgt das nächste Instrument/Geräusch usw. Für geübte Ohren kann man auch versuchen, verschiedene Intervalle zu erkennen, die man auf einem Klavier oder einer Gitarre spielt.

### Zeichnen

*Material: Papier, Zeichenkohle, Bleistifte oder Buntstifte*
Zwei tun sich als Partner zusammen. Der/Die eine zeichnet das Ohr des/der anderen ab.

### Wollfadenbild

*Material: Wolle, Teppichboden oder Teppichfliesen, Wasser*
Wollfäden werden nass gemacht und dann in der Form eines Ohres auf Teppichboden oder einzelne Teppichfliesen gelegt

### Formen

*Material: Ton, Knete, anderes Material zum Formen, evtl. ein Messerchen*
Nachdem sich jede/r eingehend angesehen hat, wie ein Ohr aussieht, kann jede/r ein Ohr aus dem Knetmaterial formen.

### Hänschen, piep einmal

Alle sitzen im Kreis. Nachdem eine/r die Augen verbunden bekommen hat, wird er/sie um sich selbst gedreht und dann zu einer Person im Kreis geführt. Der/Die mit den verbundenen Augen setzt sich auf den Schoß der Person und sagt: »Hänschen, piep einmal«. Die aufgeforderte Person sagt »Piep« und die Person mit den verbundenen Augen muss raten, wer da »Piep« gesagt hat. Wenn sie richtig geraten hat, bekommt jetzt die Person die Augen verbunden, die erraten worden ist. Wenn falsch geraten wurde, muss man so lange fragen, bis richtig geraten wird.

### Hörspiel

Auf einer Kassette werden die unterschiedlichsten Geräusche aufgenommen. Sie können auch so gestaltet und hintereinander gebaut sein, dass man dazu eine Geschichte erzählen kann.
Man kann auch ein ganzes Hörspiel aufnehmen und anderen vorstellen.
In einer Art Ratespiel müssen verschiedene Leute einen Satz (immer den gleichen) auf Band sprechen und die anderen müssen raten, wer da spricht.

### Ideenbörse: Mund

Auf einem großen Bogen Papier ist ein Mund abgebildet. Um den Mund herum werden Dinge aufgeschrieben, die einem spontan zum Bild einfallen. Das Motto lautet: »Was wir alles mit dem Mund tun können« (z. B. reden, singen, rufen, sprechen, flüstern, pfeifen, blasen, Flöte spielen, essen, trinken). Hinterher kann man versuchen, alle diese Dinge miteinander auszuprobieren.
Es ist auch sinnvoll, den Gedanken anzuschließen, was wir alles nicht könnten, wenn wir den Mund nicht hätten.

### Stille Post

Alle sitzen im Kreis. Eine/r denkt sich ein längeres Wort oder einen Satz aus und flüstert ihn seinem Nachbarn/seiner Nachbarin ins Ohr. Diese/r sagt den Satz weiter, usw. Der/Die Letzte im Kreis sagt laut, was er/sie verstanden hat.

### Pantominalludimente

Auf einem Blatt werden ca. 20–30 Doppelwörter aufgeschrieben, z. B. Hosenträger, Kirchturmhahn, Rollschuhbahn, …
Alle Mitspieler bilden zwei bis vier Gruppen. Eine/r ist der/die Spielleiter/in. Der/Die Erste aus jeder Gruppe kommt zu ihr/ihm und lässt sich ein Wort ins Ohr flüstern. Dann geht er/sie zur Gruppe zurück und versucht pantomimisch das Wort darzustellen. Geräusche oder Sprechen sind verboten. Die Gruppe muss raten, um welches Wort es sich handelt. Rät jemand richtig, darf er/sie sich das nächste Wort beim Spielleiter abholen. Die Gruppe, die zuerst alle Worte erraten hat, hat gewonnen.

### Die stumme Gesellschaft

Alle versuchen, eine Zeit oder auch einen Tag miteinander zu verbringen, ohne zu sprechen. Die Verständigung geschieht mit Gesten und Zeichen, auch die Geschichten und Erlebnisse des Tages werden pantomimisch erzählt.

### Geschichten erzählen

Geschichten erzählen war früher die einzige Möglichkeit der Unterhaltung und Ablenkung. Der Beruf des Geschichtenerzählers war in vielen Kulturen hoch angesehen. Deshalb kann es reizvoll sein, allen in der Gruppe den Auftrag zu geben, eine Geschichte frei zu erzählen.

### Singen

Eine weitere gute Möglichkeit, die Stimme zu erproben, ist der gemeinsame Gesang.

### Dichtung

Eine besondere Herausforderung ist es, Gedichte vorzutragen. Diese können entweder selbst gedichtet oder auch von anderen Dichtern geschrieben sein.

### Zeichnen

*Material: Papier, Zeichenstifte*
Man schaut sich den Mund von unterschiedlichen Menschen an (in Natur oder vom Foto) und versucht, die Münder zu zeichnen. Man kann bei lebenden »Modellen« auch darum bitten, die Mundstellungen zu verändern.

### Fotografieren

*Material: Fotoapparat, evtl. eine Möglichkeit, zu entwickeln und zu vergrößern*
Mit einem Fotoapparat versucht man Gesichter zu fotografieren und nachher von den verschiedenen Mundpartien Vergrößerungen zu machen.

### Comic-Gesichter zeichnen

*Material: Papier, Bleistift*
Mit wenigen Strichen Gesichter zeichnen und durch die Mundform (gerade, nach unten gebogen, nach oben gebogen, …) unterschiedliche Stimmungen anzeigen.

### Verschiedene Sprachen

Es werden mehrere Gruppen gebildet, die versuchen, ein kleines Ereignis in einer Sprache zu erzählen, die nicht allen vertraut ist. Man kann auch eine eigene Geheimsprache erfinden. Bei Gruppen unterschiedlicher Nationalität bietet es sich an, dass die unterschiedlichen Sprachen zur Geltung kommen. Man kann die kleinen Ereignisse auch aufschreiben lassen und gemeinsam übersetzen.

## A 24  Blind sein und nicht sehen können

Das Arbeitsblatt A 24 lädt im Bild und Lied zu der Vorstellung ein, was wäre, wenn man nicht sehen könnte.

### Experiment: Blinde führen

Alle Kinder verteilen sich im Raum, in dem nichts stehen sollte, woran man sich verletzen kann. (Ansonsten müssen Kinder davor stehen)
Zwei Kinder bekommen die Augen verbunden. Sie sollen sich gegenseitig durch das Labyrinth von Menschen führen, ohne dass jemand angestoßen wird.
In einem zweiten Versuch bekommt nur ein Kind die Augen verbunden und führt das Kind mit den verbundenen Augen behutsam durch das Menschenlabyrinth.
Im Anschluss daran werden die Erfahrungen miteinander ausgetauscht.
Die Aussage Jesu vom »Blinden« aus dem Evangelium wird noch einmal vorgelesen.

### Wenn ich nicht sehen könnte …

Eine/r oder mehrere aus der Gruppe bekommen die Augen verbunden. Die anderen interviewen sie und fragen: Was kannst du jetzt alles nicht, im Gegensatz zu vorher?

### Blinde Kuh

Eine Gruppe spielt im Raum. Eine/r bekommt die Augen verbunden. Auf den Anruf »Blinde Kuh« durch den Spielleiter muss der/die Blinde versuchen, eine/n der anderen zu fangen. Wenn er/sie jemanden gefangen hat, muss er/sie raten, wer es ist.

### Tastspiele

siehe Seite 69

### Der Blindenkreis

Alle stehen in einem Kreis. Eine/r bekommt die Augen verbunden und tastet sich am Kreis entlang, bis er/sie sich wieder am Ausgangspunkt befindet.

### Spiel: »Blind sein und nicht sehen können«

*Das Spiel zum Lied kann auch zu nur gesprochenen Strophen gespielt werden.*

1. Strophe: Alle gehen mit geschlossenen Augen umher und öffnen sie bei der zweiten Zeile.
2. Strophe: Alle bleiben stehen und bedecken ihre Augen mit den Händen.
3. Strophe: Langsam werden einige Schritte vorwärts gemacht.
4. Strophe: Die Hände werden von den Augen genommen, alle hüpfen umher.
5. Strophe: Alle bleiben stehen, bedecken ihre Augen mit den Händen und nehmen die Hände bei der zweiten Zeile wieder weg.
6. Strophe: Alle schließen sich zu einem Kreis zusammen und gehen rechts herum.

### Gestaltung: Der blinde Bartimäus

Im Evangelium (Mk 10,46–52) wird von der Heilung des blinden Bartimäus erzählt. Die Geschichte kann den Kindern mit der folgenden Gestaltung vorgestellt werden.

| Text | Gestaltungsvorschlag |
|---|---|
| Hier seht ihr ein Tor: Durch dieses Tor können Menschen in die Stadt hinein und wieder aus ihr herausgehen. Die Stadt, in der unsere Geschichte spielt, heißt Jericho. | *Ein Tor aus braunen Tüchern wird gelegt.* |
| Eine Straße führt durch das Tor. | *Mit Seilen wird eine Straße angedeutet, die durch das Stadttor führt.* |
| An dieser Straße sitzt Bartimäus. | *Eine kleine Kerze wird an die Straße, in die Nähe des Stadttores gestellt, aber noch nicht angezündet.* |
| Bartimäus ist krank. Er ist blind. Er kann nichts sehen. | *Um die kleine Kerze herum wird ein schwarzes Tuch (oder Tuchstreifen) gelegt.* |
| Jesus kommt aus der Stadt. | *Eine große Jesuskerze wird an das eine Ende der Straße gelegt.* |
| Um ihn herum sind viele Menschen. Seine Freunde, aber auch viele Menschen aus der Stadt, die Jesus sehen möchten. | *Bunte Tücher werden um die Jesuskerze gelegt.* |
| Bartimäus hört, dass Jesus näher kommt. Er beginnt zu rufen: »Jesus! Jesus!« Die Leute sagen! »Sei still! Du bist nicht wichtig.« | *Die Jesuskerze wird näher zu der kleinen Kerze von Jesus gestellt. Bunte Tücher werden zwischen »Bartimäus« und »Jesus« gelegt.* |
| Jesus hört Bartimäus rufen. Er sagt zu den Leuten: »Bringt ihn zu mir!« Die Leute sagen zu Bartimäus: »Jesus ruft dich! Du sollst zu ihm kommen.« Bartimäus wirft seinen dunklen Mantel weg und lässt sich zu Jesus bringen. | *Die Kerze von Bartimäus wird näher zu Jesus gestellt, aus dem schwarzen Tuchkreis heraus.* |
| Jesus fragt Bartimäus: »Was willst du von mir?« Bartimäus sagt: »Herr, ich möchte wieder sehen können.« Jesus sagt: »Weil du Gott sehr lieb hast und einen starken Glauben in dir trägst, wird geschehen, was du dir so sehr wünschst.« Da konnte Bartimäus wieder sehen und er ging mit Jesus und seinen Freunden. | *Die Kerze von Bartimäus wird an der Jesuskerze entzündet und direkt neben die Jesuskerze gestellt.* |

## A 25 Balken und Splitter im Auge

Das Arbeitsblatt A 25 erzählt die Rede Jesu vom Balken und Splitter im Auge. Hier kann mit den Kindern erarbeitet werden, wie Vorurteile entstehen. Gängige Vorurteile werden zum »Splitter« geschrieben, eigene negative Verhaltensweisen in den Balken. Es können auch nach der Vorlage mehrere Splitter und Balken gebastelt und im Gespräch beschriftet und an die Wand geheftet werden.

## A 26 Der Korb mit den wunderbaren Sachen

Mit den Geschichten des Arbeitsblattes A 26 wird darauf aufmerksam gemacht, dass es hinter den vordergründigen Dinge auch solche gibt, die man mit »anderen Augen« betrachten muss, um sie sehen zu können. Die Kinder versuchen, solche Dinge zu benennen, und schreiben sie um den Korb herum.

### Ideenbörse: Sehen und nicht sehen können

Auf ein Plakat wird ein Auge gezeichnet. Darum herum werden alle eingeladen, spontan zu schreiben, was ihnen einfällt: einzelne Begriffe, Sprichworte, Sätze, … Danach können andere Assoziationen aufgrund dieser Ideenfindung ausgetauscht werden.

### Mit dem inneren Auge sehen

Die Kinder sitzen im Raum verteilt. L fordert sie auf, die Augen zu schließen und sich mit dem »inneren Auge« auf die Reise zu begeben.
Diese Reise kann die unterschiedlichsten Formen und Themen haben. Viele Beispiele für »Traumreisen mit dem inneren Auge« finden sich in: Elsbeth Bihler, Symbole des Lebens – Symbole des Glaubens Band I bis III.

### Gestaltung zur Geschichte:

*Material: Schwarzes Tonpapier oder Pappe, Schnur, Papier, Stifte*

Aus Schnur einen Korb auf einen schwarzen Plakatkarton kleben. Miteinander versuchen, »wunderbare Sachen« zu benennen, die das Leben lebenswert machen. Diese Sachen werden auf einen Papierstreifen geschrieben, der in den Korb auf dem Plakat geklebt wird.

### Lied: Gib uns Augen

2. Gott, du gabst das Licht in finstrer Nacht,
   hast aus Samen Frucht ans Licht gebracht.

3. Kannst du Lahme wieder gehend machen,
   wandelst unser Weinen bald in Lachen.

4. Manches muss erst sterben und vergehn,
   kann verwandelt endlich auferstehn.

5. Wenn kein Mensch an Licht und Freude denkt,
   Gott uns einen neuen Anfang schenkt.

*T und M: Wolfgang Longardt*

### Tanz: »Gib uns Augen«

*Alle stehen im Kreis.*

*Refrain:*
Takt 1:     Arme bittend nach oben strecken.
Takt 2:     Nach rechts und links wiegen.
Takt 3:     Mit vier Schritten um sich selbst drehen.
Takt 4:     Hände zum Kreis durchfassen.
Takt 5–8:   Rechts herum im Kreis gehen.

*Strophen:*
Takt 1–2:   In die Hocke gehen, Kopf nach unten neigen.
Takt 3–4:   Aufstehen, kleine Schritte nach hinten gehen
            und dabei die Arme ausbreiten.

## A 27  Was leise ist und doch gehört wird

Das Arbeitsblatt A 27 macht in Geschichte und Lied auf die leisen Dinge aufmerksam, die doch gehört werden sollten.

### Stecknadel

Alle werden aufgefordert, ganz still zu werden und die Augen zu schließen. L lässt eine Stecknadel oder einen anderen winzigen Gegenstand) fallen (nicht auf Teppichboden). Wer die Stecknadel fallen hört, darf die Augen öffnen.

### Stilleübung: Ich will auf das Leise hören

Alle sitzen im Kreis und schauen auf die Kerze.
Nach einer Weile werden die Kinder aufgefordert, die Augen zu schließen. Die Melodie des Liedes wird leise und ganz langsam gesummt.
Dann wird abwechselnd immer wieder das Lied gesungen und die Melodie gesummt. Danach versuchen alle, noch ein wenig die Stille zu genießen.
(Evtl. kann auch an dieser Stelle das Evangelium gelesen werden.)

### Die Muschel

*Die Kinder sitzen im Kreis, einige mittelgroße Muscheln (ideal ist es, wenn jede/r TN eine Muschel haben kann) liegen neben einer großen Muschel in der Mitte. L spricht:*

In der Mitte sehen wir verschiedene Muschelgehäuse.
Als sie noch im Meer lagen, dienten sie Lebewesen als Behausung.
Tag und Nacht ist das Rauschen des Meeres an ihnen vorbeigezogen.
Wir lassen einige Muscheln im Kreis herumgehen.
Wir schauen sie an und betrachten ihre unterschiedliche Form.

*Wenn alle TN eine Muschel angeschaut haben spricht L weiter:*

Wir schließen die Augen und geben die Muscheln weiter.
Wir tasten ihre Oberfläche ab und erfühlen ihre Form.

*Wenn alle TN die Muscheln gefühlt haben, spricht L weiter:*

Wir führen die offene Seite der Muschel an unser Ohr und hören mit geschlossenen Augen auf das Rauschen des Meeres, das die Muscheln in sich aufgenommen haben.

## A 28  Zuhören können

Die Geschichte von Momo auf dem Arbeitsblatt A 28 macht deutlich, wie wichtig und wohltuend es ist, wenn jemand richtig zuhören kann.
In der Geschichte von Samuel kommt dazu, dass man auch auf Gott hören kann, wenn er ruft – allerdings muss man hier erst lernen, den Ruf Gottes als solchen wahrzunehmen und zu verstehen.

### Spiel zur Geschichte

Wenn Menschen zusammenkommen und miteinander reden, in der Schule, in der Familie, im Beruf, dann scheitern gute Pläne und Absichten oft daran, dass Menschen sich nicht zuhören, sondern immer gleich dazwischen reden. Hilfreich kann es da sein, das Zuhören speziell zu trainieren. Man kann z. B. den Satz »Wenn du redest, hör' ich zu!« groß auf Papier schreiben und an die Wand heften. Im Verlauf des Gespräches kann man immer wieder darauf verweisen und wirklich warten, bis der andere ausgeredet hat.

Das Training geht in der Gruppe auch, wenn zwei sich zu einem bestimmten vorgegebenen Thema unterhalten und ein/e Dritte/r als Schiedsrichter dabei sitzt und auf die Mängel im Zuhören direkt aufmerksam macht.

### Berufung der Propheten

Die Berufung der Propheten Jesaja und Jeremia kann ebenfalls ein interessantes Thema unter diesem Gesichtspunkt sein. Die unterschiedliche Art und Weise der Berufung kann in einer Tabelle als Tafelbild festgehalten werden. In einem weiteren Schritt können die Kinder miteinander überlegen, wie sie selbst das Wort Gottes weitersagen können.

### Musik hören

Alle werden aufgefordert, sich im Raum eine möglichst bequeme, entspannte Haltung zu suchen: im Sitzen oder, wenn Teppichboden da ist, auf dem Boden liegend. Dann wird ruhige Musik eingespielt und alle überlassen sich ganz der Musik.

## A 29  Heilung eines Taubstummen

Das Arbeitsblatt A 29 macht in der Heilung eines Taubstummen deutlich, wie wichtig es Jesus ist, dass wir unsere Sinne in rechter Weise gebrauchen. So wie wir für manche Dinge »andere Augen« benötigen, um sie wirklich wahrzunehmen, brauchen wir zum Verständnis dessen, was Jesus uns sagen will, auch andere Ohren. Deshalb steht im Zentrum des Blattes ein oft wiederholter Ausspruch Jesu: Wer Ohren hat zu hören. Die Kinder wissen viel von Jesus. Es wird erklärt, warum wir im Gottesdienst vor dem Evangelium ein kleines Kreuz auf Stirn, Mund und Herz machen. Dann denken die Kinder darüber nach und schreiben auf, welche Dinge von Jesus, die sie kennen, für sie selbst wichtig sind.

### Wer Ohren hat zu hören

Das Gleichnis vom Sämann findet sich in Elsbeth Bihler, »Kommt und seht. Werkbuch zur Kommunion- und Beichtvorbereitung«, S. 48. Dazu auch Arbeitsblatt A 43 im Heft »Symbolkreis Himmel und Erde«.

## A 30  Von der besten und schlechtesten Sache der Welt

Im Arbeitsblatt A 30 wird deutlich, wie wir mit unserer Fähigkeit der Sprache Gutes und Böses bewirken können. Im Gespräch wird erarbeitet, welche Dinge das sein können. Das Ergebnis wird in eine Tabelle eingetragen:

| Gute Worte | Böse Worte |
|---|---|
|  |  |

### Schattenspiel: Von der besten …

*Material: Holzrahmen mit weißem Tuch bespannen, eine kräftige Lichtquelle, Pappe*

Die handelnden Personen der Geschichte (Obatalah und Orula) werden von lebenden Menschen gespielt. Der Thronsaal, die Marktstände, die Menschen auf dem Markt, die Rindszunge und die Kochtöpfe werden aus großer Pappe gefertigt.

Die Kulissen werden hinter der Leinwand so aufgestellt, dass sie bei Bedarf vor die Lichtquelle, dicht an die Leinwand geschoben werden können.

Jetzt wird die Geschichte vorgelesen und hinter der Leinwand nachgespielt. Auch die handelnden Personen müssen dicht an die Leinwand treten, damit sie im Licht gut zu erkennen sind.

### Basteln zum Text: Die drei Siebe

*Material: Pappkartons, Scheren, Papier, Klebstoff, Stifte*

Auf weißes Papier die Namen der drei Siebe schreiben: Wahrheit, Güte, Notwendigkeit. Den Boden dreier Kartons mit den Scheren wie ein Sieb durchlöchern. Auf die Vorderseite die Namen der drei Siebe aufkleben. Während die Geschichte gelesen wird, werden die drei Siebe sichtbar aufgehängt. Anschließend kann eine Gewissenserforschung erfolgen.

## A 31  Das Zauberwort

Das Arbeitsblatt A 31 bringt die wichtige Bedeutung zum Ausdruck, die einzelne Worte haben können. Da ist zum einen die Geschichte von Zacharias, der den Worten Gottes nicht vertraut und deshalb verstummt, bis er das »erlösende Wort«, den Namen seines Sohnes Johannes, auf ein Täfelchen schreibt.

Der Vierzeiler von Josef von Eichendorff macht deutlich, dass es Worte gibt, die die Welt verschönern und »zum Klingen bringen«.

Der Text aus dem Johannesevangelium schließlich zeigt, das Gott mit Jesus das entscheidende Wort in die Welt gebracht hat.

Gemeinsam mit den Kindern werden »Zauberworte« gesammelt, die die Welt und das Leben hell und freundlich machen.

### Gestaltung zum Text: Schläft ein Lied

*Material: Großer Papierbogen, Tonpapier, Stifte*

Der Text wird in einen Kreis in die Mitte des Papierbogens geschrieben (man kann ihn auch vorher auf ein kreisförmiges buntes Tonpapier kleben). Miteinander wird überlegt, wie »Zauberworte« heißen können, die die Welt zum Klingen bringen, z. B. Staunen, Freude, Bitte, Liebe, Danke, … Diese Worte werden dann um den Text in der Mitte herum geschrieben, sodass ein schönes Gesamtbild entstehen kann.

### Turmbau zu Babel

Um die Verwirrung der Sprachen geht es im Arbeitsblatt A 11 im Heft »Symbolkreis Haus – Stadt – Steine«.

**Pfingsten**
Alle sprechen eine Sprache. Siehe hierzu Elsbeth Bihler, »Kommt und seht. Werkbuch zur Kommunion- und Beichtvorbereitung« S. 76, und Arbeitsblatt A 29 im Heft »Symbolkreis Licht«.

## A 32 Ich habe dich bei deinem Namen gerufen

Das Arbeitsblatt A 32 beleuchtet ein Wort, das in unserem Leben eine sehr wichtige Rolle spielt: unseren Namen. Er macht uns einzigartig und lässt uns zur Person werden. Deshalb sollen die Kinder zunächst ihren eigenen Namen schön gestalten. Am Beispiel unterschiedlicher Bibelstellen wird deutlich, wie wichtig die Namensgebung oder auch das Verändern von Namen ist. Beispiele dazu finden sich in anderen Symbolkreisheften (siehe Seite 81).
Die letzte Anregung zielt darauf ab, besondere Charaktereigenschaften eines Menschen im Namen zu benennen.

### Namenrufspiele
a) Alle stehen im Kreis und halten die Augen geschlossen. Flüsternd werden die Namen der Anwesenden genannt. Wer seinen Namen hört, öffnet die Augen.
b) Alle stehen im Raum verteilt. Bis auf den/die Rufer/in halten alle die Augen geschlossen. Eine/r ruft den Namen einer anwesenden Person ganz leise, immer wieder. Der/Die Angerufene versucht, die Person zu finden, die ruft, und geht auf sie zu. Wenn alle eine/n Partner/in gefunden hat, ist das Spiel zu Ende.

### Namencollage
*Material: Papier, Stifte*
Die Namen der Gruppe werden auf ein bestimmtes Symbol oder Gruppenzeichen geschrieben. Man ordnet sie so an, dass ein schönes Gesamtbild entsteht.

### Gruppenkerze
*Material: Stumpenkerze, Bastelwachs in verschiedenen Farben, Haushaltskerze und Streichhölzer*
Man schneidet aus Zierwachs die Namen der Gruppenmitglieder in einzelnen Buchstaben aus und heftet sie auf die Gruppenkerze, indem man sie vorher an der Haushaltskerze erwärmt. Man kann auch kleine Streifen aus dem Zierwachs schneiden, diese dann zu einem Röllchen formen und daraus die Buchstaben gestalten.

### Namenkalligraphie
*Material: Papier, Bleistifte/Buntstifte*
Man probiert unterschiedliche Schriften und Buchstaben aus und versucht damit den eigenen Namen zu schreiben.

### Gruppenmonogramm
*Material: Großer Bogen Papier, Stifte*
Eine/r aus der Gruppe schreibt den Anfangsbuchstaben ihres/seines Namens auf das Blatt. Nacheinander schreiben alle anderen ihren Buchstaben dazu: möglichst eng, jede freie Ecke ausnutzend, die ein Buchstabe hergibt.

### Abram – Abraham
Arbeitsblatt A 46/47 im Heft »Symbolkreis Weg«

### Saulus – Paulus
Arbeitsblatt A 45 im Heft »Symbolkreis Weg«

### Ophorus – Christophorus
Arbeitsblatt A 50/51 im Heft »Symbolkreis Weg«

### Simon – Petrus
Arbeitsblatt A 26 im Heft »Symbolkreis Haus – Stadt – Steine«

### Ich bin da
Arbeitsblatt A 28 im Heft »Symbolkreis Weg« sowie »Kommt und seht. Werkbuch zur Kommunion- und Beichtvorbereitung«, S. 32

### Ich habe einen Namen
Arbeitsblatt A 45 im Heft »Symbolkreis Wüste – Wasser – Boot«

# Symbolkreis Herz

## A 33 Das Herz

Das Arbeitsblatt A 39 führt in das Symbol »Herz« ein, das für alle Sinneswahrnehmungen steht, die wir mit unseren Gefühlen verbinden. So wird im Bibeltext verdeutlicht, dass unser Herz da ist, wo es für uns ganz wichtig wird, und die Geschichte vom kleinen Prinzen erzählt, dass man eben nur mit dem Herzen wirklich gut sieht.

### Unser Herz schlägt
*Alle sitzen im Kreis. Die Mitte ist als Herz gestaltet.*
*L spricht:*

Wir schließen die Augen.
Wir versuchen, ganz still zu werden.
Wir hören nicht mehr, was um uns herum geschieht.
Wir horchen nur in uns hinein.
Wenn wir gut Acht geben,
spüren wir vielleicht, wie unser Herz schlägt.
Wir wollen eine Weile diesem Herzschlag nachhorchen.
Wenn wir ihn spüren,
dann spüren wir unser Leben.
Wir spüren, wie gut es ist, zu leben.

### Wir leben
*Alle sitzen im Kreis. L spricht:*

Wir schließen die Augen, um ganz ruhig zu werden.
Mit den Händen fassen wir leicht an unsere Schläfen.
Vielleicht fühlen wir unseren Pulsschlag dort.
Jetzt legen wir unsere Fingerspitzen an den Hals,
seitlich unter die Ecken des Kinnknochens.
Wieder spüren wir unseren Puls.
Jetzt legen wir die Fingerspitzen von innen
an die obere Kante des Handgelenks.
Wieder spüren wir unseren Puls.
Unser Herz schlägt. Wir leben.
Wir versuchen, unseren Pulsschlag anzuhalten.
Es gelingt uns nicht.
Unser Leben gehört uns nicht,
es ist uns anvertraut.
Es ist uns geschenkt.

## Gestaltung zum Schrifttext

| Text | *Gestaltung* |
|---|---|
| Hier siehst du ein gelbes Tuch. Es sieht aus wie Gold. Auf dieses Tuch legen wir alles, was ganz wichtig ist für uns, was so ist wie ein großer Schatz. | *Gelbes Tuch in die Mitte legen.* *Die Kinder benennen Dinge, die von L auf ein Tonpapierkärtchen gezeichnet (oder geschrieben) werden. Die bemalten Kärtchen werden auf das gelbe Tuch gelegt.* |
| Neben das gelbe Tuch, auf dem jetzt alles liegt, woran unser Herz hängt, legen wir jetzt ein hellblaues Tuch. Es sieht aus wie der Himmel. | *Ein hellblaues Tuch wird neben das gelbe Tuch gelegt.* |
| Jesus sagt: Der Himmel, in dem Gott wohnt, der ist nicht da oben. Das Reich Gottes ist da, wo Menschen sich lieb haben. Davon soll euer Herz voll sein. | *Ein rotes Herz aus Tonpapier wird auf das blaue Tuch gelegt.* |
| Jesus sagt: Wo euer Schatz ist, da ist auch euer Herz. Überlegen wir einen Moment: Was von all dem, das wir genannt haben, ist wirklich wichtig für unser Leben? | *Stille* |
| Vielleicht haben wir auch eine Idee, was wir tun können, damit das Reich Gottes kommt. | *L schreibt das, was die Kinder nennen, auf ein Kärtchen und legt es zu dem Herz auf das blaue Tuch.* |
| Wenn wir tun, was Gott will, dann werden alle Menschen froh und glücklich. Deshalb schmücken wir jetzt unser Herz auf dem blauen Tuch mit vielen Dingen. Ihr alle dürft dabei mithelfen. | *Das blaue Tuch mit dem Herzen in der Mitte wird von den Kindern mit bunten Bausteinen und Legematerial ausgeschmückt und verziert.* |

## Gestaltung: Man sieht nur mit dem Herzen gut

Die beiden zentralen Sätze: »Man sieht nur mit dem Herzen gut, das Wesentliche ist für die Augen unsichtbar«, und: »Du bist zeitlebens für das verantwortlich, was du dir vertraut gemacht hast«, werden groß auf einen Papierstreifen geschrieben und an die Wand geheftet.
Alle sitzen auf dem Boden. Bei leiser Musik flüstert jede/r unhörbar immer wieder diese Sätze vor sich hin. Wenn man sie ganz verinnerlicht hat, schweigen alle und denken über Dinge nach, für die sie mit verantwortlich sind. Sie überlegen, an welchen Stellen sie selbst vielleicht wieder neu lernen müssen, »mit dem Herzen« zu sehen. Dann wird ebenso mit dem Hauptgebot der Gottes- und Nächstenliebe verfahren (siehe A 34).

## Herzensmandala

*Material: Papier, Buntstifte*
In die Mitte eines Blattes wird ein großer Kreis gezeichnet, in die Mitte des Kreises ein Herz. Dieses Herz wird dann mit bunten Farben, Blumen und Girlanden von innen nach außen hin verziert.

## Der Blutkreislauf

*Material: Papier, Stifte, Buch über den menschlichen Körper*
In dem Buch wird genau angesehen, wie das Herz im menschlichen Körper verankert ist und seine Blutbahnen durch den Körper sendet. Dieser Blutkreislauf wird dann abgezeichnet.

## Blutdruck

Wenn ein Messgerät verfügbar ist, kann man versuchen, gegenseitig den Blutdruck zu messen.

## Brainstorming Herz

Das Wort »Herz« wird auf eine Tapete geschrieben bzw. gemalt. Die TN werden aufgefordert, um dieses Wort oder Zeichen herum spontan zu schreiben, was ihnen einfällt. Anschließend werden die unterschiedlichen Aspekte herausgehoben und diskutiert.

## Sprichworte

Auf einem Tageslichtprojektor oder einer Tapete an der Wand werden Sprichworte zum Thema »Herz« gesammelt. In verschiedenen Gruppen wird nun versucht, einzelne dieser Sprichworte pantomimisch darzustellen. Andere Gruppen könnten dazu Zeichnungen machen, die die Sprichworte darstellen.

Folgende Sprichworte bieten sich an:

– Einem ans Herz gewachsen sein
– Einem sein Herz schenken
– Etwas nicht über das Herz bringen
– Sich etwas zu Herzen nehmen
– Jemanden im Herzen tragen
– Sich ein Herz fassen
– Seinem Herzen einen Stoß geben
– Das Herz in die Hand nehmen
– Das Herz auf der Zunge tragen
– Das Herz auf dem rechten Fleck haben
– Das Herz rutscht in die Hose
– Jemandem sein Herz ausschütten
– Jemanden ins Herz schließen
– Ein Herz und eine Seele sein
– Jemandem das Herz stehlen
– Mit ganzem Herzen bei der Sache sein
– Jemandem sein Herz öffnen

## Herzen backen

*Material: Teigzutaten (Rezepte in allen Backbüchern), Formen, Zuckerguss*
a) Aus Spekulatiusteig und Förmchen kleine Herzen backen und verschenken.
b) Aus Lebkuchenteig große Herzen backen und mit Zuckerguss sinnvolle Sprüche darauf schreiben.
c) Eine Torte in Herzform gestalten.
d) Herzen in unterschiedlichster Größe aus Ton, Salzteig o. Ä. gestalten und verzieren, zum Aufhängen oder als Anhänger an eine Kette …

### Gefühlsbarometer

*Material: Weinkorken, Papier, Stifte, Säge oder scharfes Messer, Klebstoff, Pappkarton*

Das Herz ist das Symbol, in dem viele unserer Gefühle ihren Platz haben.

Weinkorken werden in 3 mm dicke Scheibchen geschnitten und in der Form eines großen Herzens auf einen Pappkarton geklebt. Die Ränder des Kartons werden anschließend abgeschnitten, sodass nur noch das »Korkherz« zu sehen ist.

Auf einem Blatt Papier wird das Gefühlsbarometer gezeichnet. Gegensätzliche Gefühle werden einander gegenüber geschrieben. In die Mitte kommen Zahlen von 1–6. Mit dem Bleistift kann man seine Gefühlslage ankreuzen und das Blatt mit Stecknadeln auf das Korkherz heften. Dieses Herz kann man an seine Zimmertür hängen und so den anderen eine Botschaft über die eigene Gefühlslage vermitteln.

|           | 1 | 2 | 3 | 4 | 5 | 6 |              |
|-----------|---|---|---|---|---|---|--------------|
| Glücklich |   |   |   |   |   |   | unglücklich  |
|           |   |   |   |   |   |   |              |
| froh      |   |   |   |   |   |   | traurig      |
|           |   |   |   |   |   |   |              |
| liebevoll |   |   |   |   |   |   | kratzbürstig |
| usw.      |   |   |   |   |   |   |              |

## A 34 Liebt einander!

Das Arbeitsblatt A 34 stellt die Liebe und das Hauptgebot der Gottes- und Nächstenliebe als wichtigstes Anliegen Jesu vor.

### Poster gestalten

*Material: Weißes Papier, rotes Tonpapier, Schere, Klebstoff, Buntstifte bzw. Wachsmalkreiden*

Aus dem roten Tonpapier wird ein Herz geschnitten. Auf dieses Herz wird das Gebot der Gottes- und Nächstenliebe geschrieben (evtl. auf einem weißen Blatt, das dann auf das Herz geklebt wird). Dieses rote Herz wird auf den großen Bogen Papier in die Mitte geklebt und dann rundherum mit den bunten Farben reich verziert.

### »Lass mich in dein Herz hineinschauen!«

*Material: Papier, Buntstifte, Schreibstifte*

Ein Herz wird groß auf das Papier gezeichnet. Die beiden Blätter werden übereinander gelegt und zwei gleiche Herzen ausgeschnitten. Das untere Herz bleibt weiß. Das obere Herz wird rot angemalt und dann in der Mitte längs durchgeschnitten. Die Seitenränder dieses Herzens werden auf das erste Herz geklebt, sodass man das obere Herz aufklappen kann.

In dieses Herz hinein kann man nun seinen eigenen Herzenswunsch bzw. Gefühle schreiben, die in unseren Herzen wohnen können. Man kann auch jemand anderem etwas von Herzen Kommendes sagen oder das »Gefühlsbarometer« hineinkleben (siehe A 33).

### Schweige und höre

Den Kanon immer wieder summen, dann einstimmig singen, dann mehrstimmig singen, dann wieder summen und schweigen.

## A 35 Was aus dem Herzen kommt

Das Arbeitsblatt A 35 greift den Aspekt auf, dass wir das, was aus unserem Herzen kommt und in unserem Herzen ist, an dem messen sollten, was wir tatsächlich tun.

### Gestaltung und Stilleübung: Was im Herzen ist

*Alle sitzen im Kreis. Viele rote Tücher, Teelichter und schwarze Punkte aus Tonpapier sind vorbereitet. L spricht:*

Ich lade euch ein, aus den roten Tüchern hier in der Mitte ein großes Herz zu legen.

*Kinder legen das Herz aus den roten Tüchern und setzen sich dann wieder hin.*

Ein Herz, das hat jeder von uns.
Wenn wir ganz still sind, hören wir es in uns pochen.
Das Herz ist die Mitte von uns Menschen.
Deshalb sagen wir auch:
Das Innerste, was wir denken und fühlen,
das tragen wir im Herzen.
Herz, das ist so tief in uns, das gehört nur uns.
Manche Menschen sagen: Ich schenke dir mein Herz.
Sie meinen damit: Ich habe dich so sehr lieb, dass ich mich ganz für dich öffne.
Ich kann dir alles sagen. Du verstehst mich.
Auch vor Gott können wir unser Herz öffnen.
Wir können ihm alles sagen.
Alles, was wir in unserem Herzen tragen:
Freude, Liebe,
aber auch Kummer, Traurigkeit und wenn wir böse waren.
Wir wollen jetzt still werden und in unser Herz schauen.
Was ist da Frohes?
Was ist da, was uns traurig macht?

*Stille, evtl. mit Musik*

Jedes Kind darf jetzt sagen, was es traurig oder froh macht.
Ich stelle jetzt eine große Kerze in die Mitte.
Sie sagt uns: Jesus ist bei uns.
Wenn etwas Schönes gesagt wird,
darf das Kind, das es gesagt hat, eine kleine Kerze in das Herz stellen.
Wenn etwas Trauriges gesagt wird, legen wir einen schwarzen Punkt hinein.
Und immer dürfen wir darauf vertrauen, dass Gott uns lieb hat.
Alles nimmt er an.

*Die Kinder benennen jetzt Frohes und Trauriges, was sie im Herzen tragen.*
*Nach ein paar Sätzen evtl. einen Liedruf singen.*

### Gespräch und Malen zur Geschichte Giacomo

Nach der Geschichte wird ein Gespräch geführt:
Warum leuchtete Giacomo so? Können wir uns Jesus ähnlich vorstellen? Wie können wir Licht in die Welt bringen? Anschließend malen die Kinder mit Wachsmalkreiden den von innen heraus leuchtenden Giacomo.

## Papptheater zur Geschichte Giacomo

*Material: Pappkarton, Schaschlikspieße, Pappe, Papier, Stifte, Scheren, Klebstoff*

Der Pappkarton wird als »Guckkastentheater« hergerichtet: Die Öffnung wird nach vorne gestellt und die Seiten als Theaterrand weggeklappt, die obere Klappe an einer Schnur befestigt und hoch gestellt. Die Seite, die jetzt oben ist, wird bis auf 1 cm Rand herausgeschnitten. Die Bühnenbilder werden in der Größe der Rückwand gemalt und im hinteren Teil eingehängt (Landschaft, Gefängnis, Schlafgemach, …).

Die handelnden Personen werden aus Pappe gefertigt, bemalt und an den Schaschlikspießen befestigt.

Die Beleuchtung wird durch eine Bürolampe bzw. eine Taschenlampe erzeugt, die von oben in die Bühne leuchtet. Jetzt kann die Geschichte gelesen und gespielt werden.

## Verklanglichung zur Geschichte Giacomo

| Vorstellung | *Verklanglichung* |
|---|---|
| Giacomo | *Melodie auf dem Glockenspiel* |
| Alle sind glücklich | *Leiser Glockenkranz* |
| Der böse König | *Dumpfe Handtrommelschläge* |
| Giacomo kommt ins Gefängnis | *Wilde Rasseln* |
| Giacomos Herz leuchtet immer mehr | *Die wilden Rasseln werden nach und nach immer lauter von Giacomos Melodie überlagert, bis sie schweigen und alle Stabspiele in Giacomos Melodie einstimmen.* |

## Herz aus Stein

Zu diesem Thema siehe auch Arbeitsblatt A 17 im Heft »Symbolkreis Haus – Stadt – Steine«.

## Gespräch und Collage

*Material: Zeitungen, Klebstoff, Tonpapier*

Miteinander diskutieren, wo wir in unserer Umgebung bzw. Gesellschaft Spuren eines Herzens aus Stein und Spuren eines Herzens aus Fleisch entdecken.

Aus den Ergebnissen dieses Gesprächs wird eine Gegensatzcollage erstellt. Auf der einen Seite werden mit Bildern und Zeitungsartikeln die »hartherzigen« Ereignisse dargestellt, auf der anderen Seite die Dinge, die durch gute Herzen entstehen.

## Verklanglichung: Herz aus Stein

| Vorstellung | *Verklanglichung* |
|---|---|
| Herz aus Stein | *Harte Schläge auf Holzinstrumenten* |
| Herz aus Fleisch | *Wohlklingende Töne mit weichem Schlegel auf Metallophon* |

# Symbolkreis Familie

## A 36 Meine Familie

Mit dem Arbeitsblatt A 36 beginnt der Abschnitt des Heftes, der sich mit Personen und Personengruppen beschäftigen, die für unser Leben und im Zusammenhang mit der Bibel von Bedeutung sind. Das Arbeitsblatt A 36 lädt dazu ein, die eigene Familie und ihre Bedeutung für das Leben der Kinder zu beleuchten und weiter darüber nachzudenken, welche anderen Menschen für das eigene Leben wichtig sind.

### Familienbilder

*Material: Farbstifte, Papier, evtl. auch Fotoapparat bzw. Fotos, Kassettenrekorder, Musik*

Jeder erhält ein Blatt Papier und malt die Menschen aus seiner Familie (oder klebt Fotos von seinen Familienmitgliedern in Abständen auf ein Blatt). Die Namen werden darunter geschrieben.

Jeder denkt über die einzelnen Personen intensiv nach. Man kann verabreden, dass ein Musikstück gespielt wird, während über die Person nachgedacht wird. Dann schreibt jeder eine Kurzbeschreibung der Person unter das Bild. Anschließend wird versucht, im Kreis der Familie über die verschiedenen Eindrücke zu sprechen.

### Meine Familie

*Alle sitzen im Kreis. In der Mitte liegt das Foto einer Familie in DIN A4-Format. L spricht:*

In der Mitte sehen wir das Foto einer Familie.
Mutter, Vater, Kinder.
Wir schauen uns eine Weile das Bild an.
Wie geht es dieser Familie?
Sind die Menschen in ihr glücklich?
Oder sind sie unglücklich?
Wir schließen die Augen.
Wir sehen vor unserem inneren Auge unsere eigene Familie.
Wir stellen uns jeden Einzelnen vor.

*Bei der Vorstellung leise Musik einspielen und nach jeder Person Zeit lassen zum Nachdenken.*

Die Mutter.
Den Vater.
Die Geschwister.
Die Großeltern.
Andere Verwandte, die in unserem Leben eine Rolle spielen.
Wir sehen uns selbst in unserer Familie.
Wir öffnen die Augen.
Wenn uns etwas Wichtiges aufgefallen ist, können wir uns jetzt ein paar Notizen machen.

### Bruder und Schwester

In vielen Märchen der Brüder Grimm bildet das Verhältnis zweier oder mehrerer Geschwister zueinander den roten Faden, so z. B. in »Brüderchen und Schwesterchen«, »Hänsel und Gretel« oder »Die zwei Brüder«. Zum einen wird eingegangen auf das gute Verhältnis der Geschwister zueinander, auf der anderen Seite spielt oft auch das Konkurrenzverhalten eine Rolle.

**Familienstammbaum**
Eine Anregung zu einem Familienstammbaum findet sich im Arbeitsblatt A 36 im Heft »Symbolkreis Baum/Kreuz«.

**Stammbaum gestalten**
*Material: Alte und neue Familienfotos, großer Bogen Papier, Stifte, Klebstoff*
Miteinander werden alte Familienfotos angesehen und aussortiert. Die Namen der Personen, von denen keine Fotos existieren, werden auf Namenskärtchen geschrieben. Auf den Bogen Papier werden die Fotos und Namenskärtchen den Generationen und Familienzweigen entsprechend sortiert und hingelegt. Die Umrisse werden als Baum gezeichnet und die Familienzweige als Äste und Zweige miteinander verbunden.

# A 37 Heilige Familie

Das Arbeitsblatt A 37 stellt Maria, Josef und Jesus als »heilige Familie« im Bild dar und erzählt Perikopen aus der Kindheitsgeschichte. Die Kinder können diese Erlebnisse mit ihrem eigenen Leben vergleichen und überlegen, ob es heute noch Kinder und Familien gibt, denen es ähnlich ergeht wie der »heiligen Familie«.

**Collage gestalten**
Nach dem Gespräch kann eine Collage gestaltet werden, in der das Bild von der heiligen Familie auf der Flucht im Mittelpunkt steht. Darum herum werden Fotos von Kindern und Familien geklebt, die heute ebenfalls heimatlos sind und in Flüchtlingslagern leben müssen.

# A 38 Wenn ihr nicht werdet wie die Kinder

Das Arbeitsblatt A 38 stellt das Kind als Teil der Familie in den Mittelpunkt. Zunächst wird der Text »Wir Kinder« gelesen und gemeinsam überlegt, wo die Kinder Ähnliches erlebt haben.
Im Anschluss werden die Texte aus dem Neuen Testament gelesen und herausgearbeitet, wie wichtig die Kinder für Jesus sind.

**Gestaltung: Jesus und die Kinder**
Auf einem großen Plakat werden mit wenigen Strichen eine große und zwei, drei kleine Figuren gezeichnet und bunt angemalt. Die große Figur, die Jesus darstellt, hält die Hand segnend über die Köpfe der Kinder. Zu diesem Bild werden die Fotos von Kindern aus der Gruppe und der Gemeinde geklebt.

**Spiel zum Lied: Als der Herr die Stadt besucht**
Ein großes Holzkreuz wird in der Mitte als Zeichen für Jesus aufgestellt.
Zur ersten Strophe machen einige Erwachsene einen Kreis um das Kreuz, andere gehen vorbei und bleiben dann neugierig stehen.
In der zweiten Strophe versuchen Kinder, auch zu dem Kreuz vorzudringen, werden aber von den Erwachsenen pantomimisch abgewiesen.
In der dritten Strophe öffnet sich der Kreis der Erwachsenen und die Kinder machen einen Kreis um das Kreuz.

# A 39 Gott wird Kind

Das Arbeitsblatt A 39 stellt die Weihnachtsgeschichte nach Lukas und Matthäus vor. Beide Texte werden gelesen und miteinander verglichen. Die entscheidenden Abschnitte werden in einer Tabelle nebeneinander geschrieben.

**Anregungen zum Umgang mit den Weihnachtstexten**
Die einzelnen Textstellen kopieren, nebeneinander legen und miteinander vergleichen.
Dinge, die gleich sind, in allen Texten mit der gleichen Farbe unterstreichen. Dinge, die nur in einem Text vorkommen, werden mit einer anderen Farbe unterstrichen.
Jede/r hat eine dieser Weihnachtsgeschichten im Kopf. Miteinander überlegen: Was ist in meiner Erinnerung anders als tatsächlich hier im Text? Was entspricht meiner Vorstellung?

**Bilder ansehen**
Die Weihnachtstexte sind in unzähliger Form bildlich dargestellt worden. Miteinander einige Darstellungen heraussuchen und auf ihre Aussageabsicht hin vergleichen.

**Gestalten**
Versuchen, aus den Weihnachtstexten eine zentrale Botschaft herauszufinden und diese im Bild darzustellen.

# A 40 Kinder

Das Arbeitsblatt A 40 stellt in unterschiedlichen Erzählungen Verhaltensweisen älterer Kinder vor. Alle Geschichten werden gelesen und miteinander über das Verhalten der Kinder gesprochen.

**Gesprächsimpulse**
– Wie reagieren meine Eltern, wenn ich etwas angestellt habe?
– Wünsche ich mir andere Reaktionen?
Jede/r kann sich dazu Gedanken aufschreiben. Anschließend sollte man sich über die Antworten austauschen.

**Sketch: Die drei Söhne**
Die Geschichte von den drei Söhnen lässt sich gut als Sketch darstellen. Die drei Frauen sind am Brunnen zum Wasserholen, der alte Mann sitzt in der Nähe und hört ihnen zu.
Sie gehen langsam und gebückt mit ihren schweren Wasserkrügen nach Hause. Der Alte folgt ihnen.
Die drei Jungen kommen dazu und verhalten sich so wie in der Geschichte. Der Dialog zwischen den Frauen und dem alten Mann folgt.
Dem Sketch und der Geschichte kann sich ein Gespräch über Erziehung und Wunschvorstellungen von Eltern anschließen.

**Gespräch: Die drei Söhne**
Warum sieht der alte Mann nur einen Sohn?
Welchen meint er?
Welche besonderen Fähigkeiten haben wir, mit denen unsere Eltern »angeben« könnten?
Wann sind wir wirklich Kinder einer Familie, die anderen helfen und versuchen, das Leben miteinander schöner zu gestalten?

**Raster zur Unterstützung des Gesprächs**

| Geschichte | Unsere Fähigkeiten | Was können wir für die Gemeinschaft tun? |
|---|---|---|
| 1. Sohn |  |  |
| 2. Sohn |  |  |
| 3. Sohn |  |  |

## A 41 Mutter und Vater

Das Arbeitsblatt A 41 stellt in verschiedenen Texten die Bedeutung von Vater und Mutter vor. Im Gespräch äußern sich die Kinder spontan zu den Texten und erarbeiten dann Situationen, in denen sie positive Erlebnisse mit ihren Eltern hatten.

### Brainstorming: Mutter/Vater
Nachdem der Text vorgelesen wurde, schreiben alle Kinder auf einen Zettel, was ihnen zum Wort »Mutter« einfällt. Anschließend tauschen sie sich darüber aus. Genauso wird mit dem Wort »Vater« verfahren.

### Wortcollage
*Material: Stifte, großer Bogen Papier, Farbkreiden*
Gemeinsam wird überlegt, in wie vielen Variationen Menschen das Wort »Mutter« oder »Vater« aussprechen, ob Mama, Papa, Mutti, Vati oder auch in anderen Sprachen. Die verschiedenen Versionen werden aufgeschrieben und dann auf einem großen Bogen Papier mit unterschiedlichen Schriften und Farben als Wortcollage gestaltet.

### Das Gesicht der Mutter (des Vaters)
*Die Kinder sitzen im Kreis, in der Mitte steht ein Strauß Blumen. L liest die oberste Geschichte auf dem Arbeitsblatt vor und spricht dann:*

Wir schließen die Augen und werden ganz still.
Wir versuchen, alles hinter uns zu lassen, was uns stört.
Wir machen uns ganz leer.
Nun versuchen wir, uns das Gesicht unserer Mutter (unseres Vaters) vorzustellen.
Wie sehen wir sie (ihn?)
Jung und schön?
Stark?
Liebevoll?
Streng?
Gütig?
Jeder sieht sein eigenes Bild.
Bei diesem Bild wollen wir eine Zeit verweilen.

*Längere Stille, evtl. mit leiser Musik*

## A 42 Gott ist Vater und Mutter

Das Arbeitsblatt A 42 überträgt das Bild von Vater und Mutter auf die Vorstellung von Gott, wie sie uns auch die Bibel vermittelt. Im Lied wird gleichzeitig deutlich, dass Gott wie Vater und Mutter ist und dennoch all unsere Vorstellungskraft übersteigt.

### Zu Psalm 131
Den Psalm bei ruhiger Musik mehrere Male laut und langsam vorlesen und dann versuchen, so still zu werden wie »ein kleines Kind bei der Mutter«.

### Vertrauensreise
*Alle Kinder sitzen im Kreis. Psalm 103 wird vorgelesen. L spricht:*

Vertrauen ist wichtig, damit unser Leben gelingen kann.
Wir wollen miteinander eine Traumreise machen.
Wir schließen die Augen.
Wir befinden uns an einem gewundenen Weg durch gebirgiges Gelände.
Wir schreiten den Weg mutig voran.
Auf einmal wird es um uns herum dunkel und unheimlich.
Die Felsen rücken zusammen, es wird Nacht.
Wir befinden uns in einer finsteren Schlucht.
Wir bekommen Angst
Da spüren wir einen Arm, der sich liebevoll um uns legt.
Er führt uns weiter, durch die dunkle Schlucht hindurch.
Wir schauen lange in das Gesicht der Person, die uns beisteht.
Wieder sind wir auf dem Weg.
Wir sind wieder allein.
Eine tiefe Schlucht versperrt uns den Weg.
Ein Baumstamm ist darüber gelegt.
Wir schauen in die Schlucht und uns wird schwindelig.
Wir trauen uns nicht hinüber.
Da spüren wir eine Hand, die unsere Hand ergreift.
Wir werden hinüber geführt.
Drüben angekommen schauen wir lange in das Gesicht der Person, die uns geführt hat.
Wieder machen wir uns auf den Weg.
Er führt uns hierher, in unseren Raum.
Wer angekommen ist, kann die Augen wieder öffnen.
Wir schreiben den Namen der Person, die wir in der Traumreise gesehen haben, die uns geführt hat, der wir Vertrauen entgegengebracht haben, auf ein Blatt Papier.

### Gesten: »Gott ist Vater«
*Alle stehen im Kreis. Das Lied wird erst gemeinsam gesungen und getanzt, dann in bis zu 4 Gruppen.*

Takt 1–2:  In vier langsamen Schritten in die Kreismitte gehen.
Takt 3–4:  Die Arme nach oben führen.
Takt 5–6:  In vier langsamen Schritten wieder nach außen gehen.
Takt 7–8:  Die Arme nach oben führen und in vier langsamen Schritten um sich selbst drehen.

### Gestaltung zum Lied
In einer Fotowahl sucht sich jede/r Teilnehmer/in sein/ihr »Bild von Gott« aus.
In die Mitte wird ein Bild von einer Mutter mit Kind und von einem Vater mit Kind gelegt. Ebenfalls sind viele bunte Tücher zur Gestaltung zur Verfügung.
Das Lied wird miteinander immer wieder gesungen und dabei schauen alle Kinder in die Mitte.
Das Lied wird weiter gesungen, einstimmig und als Kanon, möglichst leise. Die Kinder beginnen, die Mitte mit den beiden Bildern, mit ihren Bildern und den bunten Tüchern immer weiter auszugestalten. Wenn das Bild fertig gelegt ist, singen alle den Kanon noch einmal gemeinsam.

## Vaterunser mit Bewegungen

| Text | Bewegung |
|---|---|
| Vater uns im Himmel, | *Die Hände werden nach oben geöffnet und die Arme seitlich in Orantehaltung gehalten.* (Wir öffnen uns für Gott.) |
| geheiligt werde dein Name. | *Die Arme werden nach oben geführt.* (Wir bringen unser Lob zum Ausdruck.) |
| Dein Reich komme. | *Während die Arme über dem Kopf sind, fassen alle einander an den Händen.* (Wir bilden eine Krone als Zeichen des Königreiches Gottes.) |
| Dein Wille geschehe wie im Himmel, so auf Erden. | *Bei »Himmel« zeigt die rechte Hand nach oben und bei »Erde« weist der linke Arm nach unten.* (Wir zeigen Himmel und Erde an.) |
| Unser tägliches Brot gib uns heute | *Die Hände werden vor den Körper wie eine Schale gehalten.* (Wir bilden eine Schale, in die etwas hineingelegt werden kann.) |
| und vergib uns unsere Schuld, | *Wir formen mit unseren Händen zwei Schalen und decken die linke Schale mit der rechten zu* (Schuld ist etwas, das wir gerne verbergen oder ungeschehen machen möchten.) |
| wie auch wir vergeben unseren Schuldigern. | *Wir reichen einander die Hände und fassen zum Kreis durch.* (Wir geben uns die Hände, um einander zu verzeihen.) |
| Und führe uns nicht in Versuchung, | *Wir kreuzen unsere Arme an den Handgelenken vor unserem Körper, so als wären wir gefesselt.* (Es gibt viele Versuchungen in unserem Leben. Sie sind wie Fesseln, die uns binden.) |
| sondern erlöse uns von dem Bösen. | *Wir lösen unsere Fesseln und führen unsere Arme weit nach oben.* (Gott befreit uns von unseren Versuchungen. Er möchte, dass wir als freie Menschen leben.) |
| Denn dein ist das Reich und die Kraft und die Herrlichkeit in Ewigkeit. | *Wieder formen wir durch das Fassen der Hände über den Köpfen eine Krone.* |
| Amen. | *Wir führen die Arme gemeinsam nach unten und verneigen uns vor Gott.* |

*Bewegungen nach: »Vater unser«, Religionspädagogische Praxis 1983, RPA-Verlag, Landshut.*

### Vaterunser-Rätsel
Siehe »Kommt und seht. Werkbuch zur Kommunion- und Beichtvorbereitung«, S. 55.

### Meditationsbild (Hungertuch) gestalten
*Material: Weißes Leinentuch, Abtönfarben oder Stoffmalfarben, Papier, Stifte, Unterlage*
Zu den Bitten des Vaterunsers werden Symbole gesucht, die dann auf ein Tuch um eine Sonne herum gemalt werden. Evtl. können die einzelnen Bitten auch dazugeschrieben werden.

### Der barmherzige Vater
Vorschläge hierzu finden sich in »Kommt und seht. Werkbuch zur Kommunion- und Beichtvorbereitung«, S. 33; sowie Arbeitsblatt A 42 im Heft »Symbolkreis Weg«.

# Symbolkreis Berufe

## A 43  Berufe der Bibel

Das Mandala im Arbeitsblatt A 43 stellt Berufe vor, die in der Bibel vorkommen, und dazu den »Clown«, der als Narr um Christi willen ebenfalls seinen Platz in diesem Zusammenhang hat. Zu den einzelnen Bildern des Mandalas können die Kinder schreiben, was ihnen spontan zu den einzelnen Berufen einfällt.

## A 44  Bauer

A 44 stellt den Beruf des Bauern als denjenigen vor, der den Boden bearbeitet und so für Nahrung sorgt.

### Einen Bauern besuchen
Miteinander einen Bauern besuchen. Vorher überlegen, wie wir uns heute das Leben auf dem Bauernhof vorstellen. Den Bauern nach seiner Arbeit und seiner Abhängigkeit vom Wetter befragen, die Maschinen ansehen usw.

### Bauernregeln
Miteinander durch Interviews auf der Straße, durch eigenes Nachdenken, durch Befragung älterer Menschen und auch durch Befragung von Landwirten ein kleines Heft mit Bauernregeln zusammenstellen.

### Acker und Samen
*Alle sitzen im Kreis. Im Kreis verteilt liegen braune, blaue, weiße, graue und gelbe Tücher sowie Erde, Getreidekörner und Ähren. L spricht:*

In der Mitte sehen wir Elemente, die notwendig sind, damit der Bauer Frucht aus der Erde ziehen kann.
Wir wollen miteinander nachvollziehen, wie die Erde Frucht bringt. Aus den braunen Tüchern legen wir den Ackerboden in die Mitte.

*Die Kinder legen einen Ackerboden mit Furchen aus den braunen Tüchern.*

Wir geben eine Schüssel mit Erde herum.
Wir schauen auf die Erde und überlegen:
Ist dieser Boden wohl gute Erde, die reiche Frucht bringt?
Sind wir gute Erde, die bereit ist, zu empfangen und wachsen zu lassen?

*Die Schüssel mit Erde wird zum Acker gestellt.*

Wir reichen die Schale mit Samenkörnern herum.
Jeder nimmt ein paar Körner heraus und lässt sie in der offenen Hand liegen.
Wir schauen auf die Körner. Wir tasten sie mit unseren Fingerkuppen sanft ab.
In diesen Körnern steckt sehr viel Leben.
Auch in uns sind viele gute Dinge angelegt.
Versuchen wir, diese guten Dinge zu entdecken.

*Stille*

Säen wir unsere Körner, die wir in der Hand halten, auf den Acker in der Mitte.

*Die Kinder legen ihre Körner in die Ackerfurchen in der Mitte.*

Wir legen die Sonne und den Regen zu unserem Ackerboden.
Wer war uns Sonne und Regen, damit unsere Saat aufgehen konnte?

*Die Kinder gestalten aus den gelben Tüchern die Sonne, aus den blauen, weißen und grauen Tüchern Regenwolken zum Ackerboden.*

Reife Ähren liegen in der Mitte.
Wir reichen sie herum und legen sie dann als Früchte in unseren Acker.
Wir überlegen:
Welche Frucht hat unser Leben bisher gebracht?
Wie ist die gute Saat in uns aufgegangen?

*Stille, evtl. Musik zum Nachdenken und zum Betrachten des entstandenen Mittelbildes.*

Weitere Stilleübungen zum Thema in: Elsbeth Bihler, »Symbole des Lebens – Symbole des Glaubens Band II«.

### Bauern-Bild
*Material: Papier, Farben, Musik, evtl. Pinsel und Wasser*
Bei ruhiger Musik träumen alle von einem Leben auf dem Lande. Wir stellen uns einen Bauern bei seiner Arbeit vor. Er bewegt sich auf seinem Acker. Das Bild, das wir sehen, malen wir mit bunten Farben.
Wenn alle Bilder fertig sind, werden sie miteinander verglichen und besprochen. Dabei wird nicht auf die künstlerische Qualität geachtet, sondern darauf, wie der Bauer sich auf dem Feld bewegt: zu Fuß, mit Traktor oder Maschine oder mit dem Pferd. Vielleicht kann der eine oder die andere begründen, warum er/sie sein/ihr Bild so und nicht anders gemalt hat.

### Collage: Landwirtschaft heute
*Material: Große Fotokartons, Illustrierte, Scheren, Kleber*
Aus Zeitungen und Illustrierten werden Artikelüberschriften und Bilder von der Landwirtschaft gesammelt und sortiert. Je nach Themen und Ländern werden sie auf den großen Papierbögen angeordnet und geklebt.

### Im Märzen der Bauer
Damit beschäftigt sich Arbeitsblatt A 41 im Heft »Symbolkreis Himmel und Erde«.

### Der Bauer und das Wetter
Siehe hierzu Arbeitsblatt A 31 im Heft »Symbolkreis Himmel und Erde«.

### Gleichnis vom Wachsen der Saat
Anregungen zum Gleichnis finden sich im Arbeitsblatt A 42 im Heft »Symbolkreis Himmel und Erde«.

## A 45 Hirte

Das Arbeitsblatt A 45 stellt den Hirten als Beruf vor. Die Geschichte erzählt, wie ein Hirte heute arbeitet.

### Mobile
Aus den Figuren auf dem Bild kann ein Mobile gebastelt werden.

### Bild zur Geschichte
Zu dieser Geschichte ein Bild mit Wasserfarben malen, z. B. einen Hirten, der seine Herde hütet, oder einen Hirten mit Mutterschaf und Lamm.

### Hirten besuchen
Miteinander ausfindig machen, wo es in der näheren Umgebung noch einen Schäfer mit seiner Herde gibt. Mit dem Schäfer sprechen, ihn und seine Hunde bei der Arbeit beobachten. Die Schafe in der Herde beobachten. Die Beobachtungen aufschreiben. Wenn es möglich ist, den Schäfer das Jahr hindurch öfters besuchen und ihm evtl. bei der Arbeit helfen.

### Stilleübung Hirt und Herde
*Die Mitte ist gestaltet mit einem Foto von einem Hirten samt Schafherde und einem Bild vom guten Hirten. (Alternative: Hirte mit Schafen aus einer Weihnachtskrippe auf einem grünen Tuch.)*
*Die Kinder sitzen im Kreis und schauen in die Mitte. L spricht:*

In der Mitte sehen wir Bilder, die uns so vielleicht nicht mehr vertraut sind.
Wir sehen einen Hirten mit seiner Herde.
Er ist für die Tiere verantwortlich.
Er sucht ihnen Futterplätze und führt sie dorthin.
Wenn sie Durst haben, sucht er einen Platz zur Tränke für sie.

Wir schließen die Augen und stellen uns einen Hirten mit seiner Herde vor.
Die Schafe bewegen sich ruhig, der Hirte schaut über sie hinweg.
Wir überlegen:
Gibt es in unserem Leben Menschen, für die wir sind wie ein Hirte zu seinen Tieren?
Menschen, für die wir Verantwortung tragen?
Wir versuchen uns diese Menschen vor Augen zu führen.

Gibt es in unserem Leben Menschen,
die für uns wie ein guter Hirte waren und sind?
Die uns Halt und Schutz geben auf unterschiedlichste Art und Weise?
Auch diese Menschen lassen wir vor unserem inneren Auge stehen.

Wir kehren zurück zu unserer Herde mit ihrem Hirten.
Wir öffnen die Augen und schauen auf das Bild vom »guten Hirten«.

*Jetzt liest L eine Perikope vom guten Hirten aus der Bibel vor.*

## Hirten aus Tonpapier

*Material: Tonpapier in braun-beige-Tönen und in schwarz, Papier, Stifte*

Das Modell eines Hirten mit Hut und Hirtenstab wird auf Papier gezeichnet. Wenn die Zeichnung fertig ist, wird festgelegt, in welchem Farbton die einzelnen Teile erscheinen sollen.

Dann werden die Einzelteile in der Weise ausgeschnitten, dass der Körper und der Kopf doppelt aufeinander gelegt werden können. Arme, Beine, Hut und Stab werden dazwischen oder darauf geklebt.

Den fertigen Hirten kann man als Fensterbild aufhängen.

## Hirten aus Papprollen

*Material: Toilettenpapier- oder Küchenrollen, buntes Tonpapier, Bast, Klebstoff, Scheren*

Die Papprollen als Körper nehmen, aus Tonpapier Gesichter darauf kleben, einen Umhang, die Arme, und den Hirtenstab daran kleben. Den Bast als Haare am oberen Rand befestigen und dann einen Hirtenhut aus einem Tonpapier-Kreis mit Kerbe schneiden.

## Hirten aus Pfeifenputzern

*Material: Pfeifenputzer, Filzstoff oder andere Stoffreste, Wattekugeln, Korken, Wasserfarben, Pinsel, Wollreste*

Zwei Pfeifenputzer werden in der oberen Hälfte miteinander verschlungen, die unteren beiden Enden bilden die Beine. Ein dritter Pfeifenputzer wird quer dazu ans obere Ende gedreht, sodass die beiden Enden gleich lang rechts und links die Arme bilden.

Die Kleidung wird entworfen, aus dem Stoff zugeschnitten und an das Figürchen genäht oder geklebt.

Die Wattekugel wird als Kopf darauf gesteckt, evtl. geklebt. Die Wattekugel wird in Gesichtsfarbe mit Wasserfarbe angemalt und erhält Augen, Nase und Mund. Aus Wollresten werden die Haare an den Kopf geklebt, wenn er trocken ist.

Aus Filz wird ein Hirtenhut zurechtgeschnitten und befestigt. Nach Belieben kann der Hirte aus einem weiteren Pfeifenputzer einen Hirtenstab bekommen, aus dem Stoff einen Gürtel, aus Fellresten eine Tasche.

Zum Schluss werden von einem Weinkorken 4 Scheiben abgeschnitten. Sie werden auf die Enden der Arme und Beine als Hände und Füße gesteckt.

(Skizzen zu den gebastelten Hirten: »Kommt und seht. Handreichung I«, S. 70.)

## Hirten aus Ton

*Material: Ton, Töpferbesteck, Brennofen, Farbe*

Aus Ton werden flache Scheiben geformt. Aus diesen werden eine Hirtenfigur und einige Schafe geschnitten. Der Hirte erhält einen Hirtenstab; die Falten seines Mantels, das Gesicht und die Hände, die Wolle und Köpfe der Schafe werden mit dem Töpferbesteck eingeritzt. Von hinten werden Löcher in die Scheiben gedrückt, damit man später den Hirten mit seinen Schafen an die Wand hängen kann. Nach Belieben werden die Figuren gebrannt und dann farbig angemalt.

## Geschichte: Hirte und Wolf

Der Hirt war lange Zeit krank gewesen. Heute, zum ersten Mal, wie freute er sich, durfte er wieder bei seiner Herde sein. »Ihr seid weniger geworden«, erschrak er. »Reden wir nicht davon«, sagte das Leittier, dem die Herde

in der Zwischenzeit überlassen war. »Die haben es überstanden, und uns geht es gut.« »Was überstanden?« Die Frage kam scharf wie ein Schleuderstein. »Ach, das mit dem Wolf«, sagte das Leittier. »Aber die neue Lösung, du wirst sehen, strengt nicht so an wie bisher, wenn du uns scheuchtest!« »Ich habe euch nur gescheucht, wenn der Wolf kam!«, verteidigte sich der Hirt. »Nur im Pferch konnte ich euch als ein Einzelner schützen.« »Das wird alles nicht mehr nötig sein«, sagte das Leittier. »Unser Abkommen berücksichtigt die Interessen beider Seiten.« »Der Herde – und wessen noch?« »Des Wolfes natürlich. Sprich selber mit ihm – dort kommt er gerade des Weges.«

Die Krankheit hatte den Hirten geschwächt, aber am Ende zog der Wolf doch hinkend ab ohne eines der gekennzeichneten Lämmer. Der Hirte blutete und musste sich stützen. Das Leittier stand trotzig abseits. »Wie konntet ihr nur!«, stöhnte der Hirte. »Freiwillig! Und dann noch die Jüngsten!« »Ich hätte es mir ja denken können«, maulte das Leittier. »Jetzt ist wieder kein Tag ohne Alarmruf und Schnellschnell und Ohe!«

Einen Augenblick lang wog der Hirte seinen Stab wie einen Speer – dann hatte er sich wieder ganz in der Gewalt. »Gewiss«, sagte er nach einer Atempause, und er sagte es mehr zur Herde, die ihn umdrängte, als in Richtung des Leittieres. »Gewiss, kein Tag ohne Alarmruf. Aber gilt denn das andere nichts: kein Tag ohne Sonne und Wasser und hunderterlei Grün und kein Tag ohne den Atem zum Spielen und Ausruhen – eben weil wir einander vertrauten und wussten, dass keiner den anderen preisgibt?«

*Berthold Lutz*

## Marionettentheater zur Geschichte

*Material: Tisch, Vorhangstoff, Papier, Rundhölzer, Zwirn, Pappe, Papprollen, Stoffreste, Nähgarn, Klebstoff, Farben und Pinsel, Holzperlen (0,5– 1 cm Durchmesser)*

Einen Tisch mit einem Vorhang als Bühne herrichten. Die Hintergrundkulisse bildet eine Schafherde auf einer Weide, die in Wasserfarben auf Papier gemalt wird. Es werden drei Marionetten gebastelt, mit denen vor der Kulisse gespielt werden kann.

*Der Hirte:* Eine Wattekugel als Kopf (nach Belieben mit Gesicht, Haaren und Hut ausstatten), Stoff als Körper und Arme, die Hände sind dickere Holzperlen, durch die die Stoffecken gezogen sind. Am Kopf und an beiden Händen Zwirnfäden befestigen. An einem 15 cm langen Rundholz wird der Faden, der vom Kopf ausgeht, in der Mitte befestigt. Zwei etwas längere Fäden befinden sich am rechten und linken Ende des Rundholzes, damit die Arme durch den Spieler bewegt werden können.

*Leitschaf und Wolf:* Für den Körper wird jeweils eine ganze Toilettenpapierrolle genommen, für den Kopf ein ca. 3–4 cm langes Stück. Rumpf und Kopf werden durch einen 1 cm langen Zwirnfaden verbunden. Über den Körper wird weißer bzw. grauer Stoff gespannt, dessen vier Enden seitlich als Beine herunter hängen. An den Enden werden je vier dickere Holzperlen als Füße befestigt. Der Kopf wird in Schaf- bzw. Wolfsform und -farbe aus Tonpapier geschnitten und angeklebt. Der Schwanz wird auch aus Tonpapier geschnitten und am hinteren Ende des Rumpfes befestigt. Vom Kopf und vom hinteren Ende des Rumpfes aus wird je ein Zwirnfaden angebracht, der an den Enden je eines 15–20 cm langen Rundholzes befestigt wird.

### Gespräch über die Geschichte

Miteinander überlegen, wo wir in unserem Leben, in der Familie oder in der Berufs- und Arbeitswelt ähnlichen Situationen ausgesetzt sind.
Rollenspiele zu den verschiedenen Situationen spielen.

### Der Herr ist mein Hirte

Vorschläge hierzu finden sich in »Kommt und seht. Werkbuch zur Kommunion- und Beichtvorbereitung«, S. 15.

### Psalm 23 malen

*Material: Papier, Farben, Stifte*

Miteinander den Psalm 23 lesen. Evtl. nennt jede/r den Vers, der ihm/ihr besonders zugesagt hat. Darüber sprechen, welche Stellen besonders beeindruckt haben.
Jede/r entwirft für sich eine Skizze von den Inhalten, die ihm/ihr wichtig erscheinen, und malt dann das Bild. Hinterher die Bilder miteinander vergleichen und darüber sprechen.

### Psalm 23 legen

*Material: Bunte Tücher*

In der Mitte liegen viele bunte Tücher. Zunächst wird der Psalm gelesen und wie oben vertieft.
Dann wird er noch einmal Vers für Vers vorgelesen. Nach jedem Vers entsteht eine Pause, in der es den TN möglich ist, die Empfindungen durch die Farben der bunten Tücher in die Mitte zu legen und so gemeinsam ein Bild zum Psalm zu gestalten.

### Psalm 23 verklanglichen (Vers 1–4)

| Vorstellung | Verklanglichung |
| --- | --- |
| Hirte | *Melodie auf der Flöte* |
| Grüne Auen | *Mit leisen Filzschlegeln Töne auf Metallophon* |
| Wasser | *Glissando auf und ab auf dem Glockenspiel* |
| Finstere Schlucht | *Bedrohliche Schläge auf der Handtrommel* |

Die Hirtenmelodie erklingt während der ganzen Verklanglichung. Zu Beginn und zum Ende wird sie lauter, zwischendurch tritt sie etwas in den Hintergrund.

### Tücherspiel

Mit kleineren Kindern lässt sich die Geschichte vom verlorenen Schaf bzw. vom guten Hirten gut mit Tüchern nachspielen.
Bunte Tücher, braune, grüne und schwarze werden als Landschaft ausgelegt. Der Hirte wird mit Tüchern bekleidet, einige Kinder erhalten weiße Tücher als Schafe umgelegt, andere schwarze als Wölfe.
Zuerst wird beschrieben und frei erzählt, wie der Hirte sich um seine hundert Schafe kümmert. Er führt sie an Wasserstellen und auf grüne Weiden. Er vertreibt die Wölfe, die die Schafe reißen wollen.
Dann läuft ein Schaf weg und verirrt sich in einer dunklen Schlucht. Der Hirte geht und sucht sein Schaf, bis er es findet. Dann bringt er es zur Herde zurück.

### Weihnachten

Spielszene: Hirten im Dunkel der Nacht, in: Elsbeth Bihler, »Du hast uns eingeladen – Wortgottesdienste mit Kindern Lesejahr B«, S. 14.
Lied: Sieben Hirten schlafen, in: Elsbeth Bihler, »Du hast uns eingeladen – Wortgottesdienste mit Kindern Lesejahr A«, S. 25.

## A 46 Fischer

Das Arbeitsblatt A 46 stellt den Beruf des Fischers vor und führt in Text und Bild gleichzeitig in das Wort Jesu vom »Menschenfischer« ein.

### Stilleübung: Fischer am See

*Die Kinder sitzen im Kreis. Die Mitte ist gestaltet mit einem Tuch als Wasser und einem Netz mit Fischen aus Papier. L spricht:*

In der Mitte sehen wir ein Tuch als Wasser.
Es ist bedeckt mit einem Netz voller Fische.
Wir schließen die Augen.
Wir sehen einen großen See.
An seinem Ufer sind Fischer damit beschäftigt,
ihre Netze herzurichten.
Sie haben einen guten Fang gemacht und sind zufrieden.
Sie fahren immer wieder hinaus auf den See.
Sie setzen sich jedem Wetter aus.
Sie müssen viele Gefahren auf dem Wasser bestehen.
Sie werden zum Bild für unser Leben.
Deshalb können wir uns fragen:
Kennen wir gefährliche Situationen?
Wagen wir manchmal etwas, wenn es notwendig ist?
Welche Fähigkeiten setzen wir ein, damit im Netz unseres Lebens etwas Gutes hängen bleibt?

*Über diese Fragen können alle bei ruhiger Musik weiter nachdenken.*

### Gestaltung: Fischernetz

Die Kinder erhalten den Auftrag, in der Mitte ein großes blaues Tuch auszubreiten. Jedes Kind erhält einen oder mehrere Wollfäden. Daraus knüpfen sie ein großes Netz. Das fertige Netz wird über das blaue Tuch gelegt.

### Gespräch und Besinnung zum Bibeltext

Was waren das für Menschen, die Jesus da in seine Nachfolge berufen hat? Welche Schulbildung hatten sie, was konnten sie gut? Was sollten sie werden? (Menschenfischer)
Das heißt vielleicht, sie sollten das, was sie bisher gelernt hatten und gut konnten, jetzt für Jesus einsetzen.
Jedes Kind überlegt für sich, was es besonders gut kann und wie es das für Jesus einsetzen kann (evtl. ruhige Musik einspielen).
Anschließend schneidet jedes Kind eine Figur aus Tonpapier aus, schreibt seinen Namen darauf und das, was es besonders gut kann. Die Figur wird in das Netz gelegt.

### Berufung der ersten Jünger

Siehe »Kommt und seht. Werkbuch zur Kommunion- und Beichtvorbereitung«, S. 17, sowie Arbeitsblatt A 49 im Heft »Symbolkreis Weg«.

# A 47 Begegnung mit dem Auferstandenen am See

Das Arbeitsblatt A 47 erzählt in Text und Bild, wie die Jünger nach dem Tod Jesu ihrem alten Beruf als Fischer nachgehen und durch den auferstandenen Jesus wieder einen reichen Fischfang erleben.

## Verklanglichung zum Evangelium

| Vorstellung | *Verklanglichung* |
|---|---|
| Da ist ein See. Die Wellen schlagen sanft ans Ufer. | *Leichte Arpeggien auf Glockenspielen und Xylophon* |
| Die Morgendämmerung kommt. | *Leise Triangeltöne* |
| Am Ufer sind Fischer. | *Eine Melodie für die Fischer auf dem Metallophon spielen.* |
| Sie flicken ihre Netze. | *Rasseln sanft hin und her bewegen.* |
| Sie sind traurig. Jesus ist tot. Sie sind seine Freunde. Sie haben nichts gefangen in der letzten Nacht. | *Trommelschläge auf der Handtrommel* |
| Die Sonne geht auf. | *Ein Schlag auf dem Becken (nicht zu laut)* |
| Jesus steht am Ufer. Er sagt: Habt ihr etwas zu essen? | *Melodie auf dem Glockenspiel (diese Melodie immer wiederholen, wenn Jesus spricht)* |
| Die Jünger erkennen Jesus nicht. Sie sagen: Nein, wir haben nichts! | *Melodie der Jünger* |
| Jesus sagt: Fahrt hinaus und werft die Netze aus. | *Melodie Jesus* |
| Die Jünger werfen die Netze aus. | *Rassel heftig* |
| Sie fangen viele Fische. | *Viele einzelne Töne auf Glockenspiel und Metallophon* |
| Johannes sagt: Das ist Jesus. | *Schlag auf der Triangel* |
| Petrus springt ins Wasser und schwimmt ans Ufer. | *Schlag auf der Handtrommel, Arpeggien aufwärts auf dem Xylophon* |
| Jesus gibt ihnen zu essen. | *Leise Schläge auf der Handtrommel* |
| Jesus sagt zu Petrus: Hast du mich lieb? | *Melodie Jesus, dann Triangelton* |
| Petrus sagt: Ja, ich habe dich lieb. | *Melodie Petrus auf dem Xylophon erfinden, dann Triangelton* |
| Jesus sagt zu Petrus: Hast du mich lieb? | *Melodie Jesus, dann Triangelton* |
| Petrus sagt: Ja, ich habe dich lieb. | *Melodie Petrus, dann Triangelton* |
| Jesus sagt zu Petrus: Hast du mich lieb? | *Melodie Jesus, dann Triangelton* |
| Petrus sagt: Ja, ich habe dich lieb. | *Melodie Petrus, dann Triangelton* |
| Jesus sagt: Dann sage meine frohe Botschaft weiter! | *Melodie Jesus, dann wieder Wellenbewegungen auf dem See (Arpeggien Glockenspiel + Xylophon)* |

## Gestaltung zum Evangelium

| Text | *Gestaltung* |
|---|---|
| Hier sehen wir einen großen See. Er heißt »See von Tiberias«. | *Ein blaues Tuch wird in der Mitte ausgebreitet.* |
| Am Sandstrand liegen Boote mit Fischernetzen. | *Sandfarbene Tücher werden um den See gelegt, darauf ein braunes Tuch und ein angedeutetes Netz.* |
| Fischer sitzen am Ufer. Es sind Freunde Jesu. Jesus ist tot. Sie wissen nicht, was sie tun sollen. Sie gehen ihrer Arbeit nach. | *Ein schwarzes Tuch wird um das »Boot« gelegt.* |
| Die Sonne ist aufgegangen. | *Ein gelbes Tuch wird rund gegenüber vom Boot hingelegt.* |
| Der auferstandene Jesus kommt zu den Jüngern. Er sagt: Habt ihr nicht etwas zu essen? Die Jünger erkennen Jesus nicht. Sie sagen: Wir haben die ganze Nacht gefischt und nichts gefangen. Jesus sagt: Werft eure Netze noch einmal auf der richtigen Seite aus! | *Eine dicke Jesuskerze wird zum Boot gestellt.* |
| Die Jünger fahren auf den See und werfen ihre Netze aus. | *Das Netz wird über den See ausgebreitet.* |
| Sie fangen viele Fische. | *Fische aus Tonpapier werden in das Netz gelegt.* |

91

| | |
|---|---|
| Da sagt Johannes: Es ist Jesus! Als Petrus das hört, springt er in den See und schwimmt ans Ufer. Er möchte schnell bei Jesus sein. Die anderen kommen mit dem Netz und den Fischen nach. | *Das Netz wird ans Ufer geholt.* |
| Am Ufer brennt ein Feuer. Jesus legt Fische und Brot darauf. | *Ein orangefarbenes Tuch wird an das Ufer gelegt, darauf eine Scheibe Brot und zwei Fische aus Tonpapier.* |
| Jesus gibt seinen Freunden zu essen. | *Die Scheibe Brot wird miteinander geteilt, dabei Stille!* |
| Jesus fragt Petrus: Hast du mich lieb? Petrus sagt: Ja, ich habe dich lieb. Dreimal fragt Jesus ihn. Dreimal gibt Petrus die gleiche Antwort. | *Ein rotes Tuch wird zur Jesuskerze am Feuer gelegt.* |
| Haben wir Jesus auch lieb? | *Stille* |

# A 48 König

Das Arbeitsblatt A 48 erzählt, wie das Volk Israel nach einem König verlangt und Gott dem Volk erklärt, was aus diesem Wunsch folgen wird. Der Psalm 24 stellt Gott als den wahren König der Herrlichkeit dar.

## Brainstorming: König

Alle sitzen im Kreis. In der Mitte liegt auf einem großen Bogen Papier eine Krone aus Goldfolie. Die Kinder werden aufgefordert, zu dieser Krone auf das Papier zu schreiben, was ihnen zum Thema König/Königin spontan einfällt.

## Stilleübung: König

*Die Kinder sitzen im Kreis. In der Mitte liegt auf einem roten Tuch eine Krone aus Goldpapier. L spricht:*

In der Mitte sehen wir eine goldene Krone.
Sie erinnert uns an einen König oder eine Königin.
Wir schließen die Augen und stellen uns eine Königin oder einen König vor.
Eine goldene Krone erzählt vom Reichtum der Könige und Königinnen.
Wenn ich eine Königin, wenn ich ein König wäre
und alle Reichtümer der Erde besäße,
was würde ich damit tun?
Ein König hat Macht.
Er regiert über ein Volk.
Wenn ich dieser König wäre,
wenn ich die Macht hätte,
was würde ich ändern?

## König für einen Tag

In der Klasse wird ausgelost, wer für einen Tag König oder Königin sein darf. (Ein alter Brauch schreibt vor, dass in einem Kuchen eine harte Erbse mitgebacken wird. Wer beim Verzehr das Kuchenstück mit der Erbse erhält, ist König für einen Tag.) Dieses Kind wird in einer kurzen Zeremonie mit einer Krone aus Goldfolie gekrönt. Wer König ist, hat die Macht und darf den Tag gestalten. Er/Sie darf sich wünschen, was gegessen, was miteinander unternommen wird. Bei Streitigkeiten oder Wettspielen wird der/die König/in auch zum Schiedsrichter. Der König darf sich Minister ernennen, einen Hofnarren usw.

## Kronen basteln

*Material: Goldfolie, Schere, Silberdraht, Zangen, Schnur*
Auf verschiedene Art und Weise können Kronen gebastelt werden.
Zum einen kann mit einer Schnur der Kopfumfang gemessen werden. In dieser Länge wird dann ein 15 cm hoher Streifen Goldpapier geschnitten, in den auf einer Seite noch die Zacken der Krone eingebracht werden. Dann wird die offene Seite zusammengeklebt.
Eine andere Möglichkeit ist, aus Silberdraht eine kleine Krone zu basteln, an der dann rechts und links ein Band zum Umbinden befestigt wird. Wenn der Silberdraht sehr dünn ist, kann man ihn vorher flechten und aus dem geflochtenen Drahtband die Krone formen.

## Als König verkleiden

Mit bunten Tüchern und einer selbst gebastelten Krone wird jemand als König verkleidet, um
– in einer Geschichte einen König zu spielen,
– als Sternsinger von Haus zu Haus zu ziehen,
– für einen Tag König zu sein.

## Metallkönig

*Material: Dicke Metallfolie, Stricknadel oder dickerer Nagel, Papier, Stifte, Zeitungen*
Auf dem Papier wird die Skizze einer Königsstatue gezeichnet, als Gesamtbild oder als Büste.
Die Metallfolie wird auf eine dicke Unterlage aus Zeitungen gelegt. Das skizzierte Bild wird dann mit der Stricknadel aus der Metallfolie gedrückt, mehr oder weniger tief, sodass viele kostbare Falten im Gewand und Edelsteine auf der Krone sind.

## Collage: Könige heute

*Material: Zeitschriften aus der Boulevardpresse mit Bildern und Schlagzeilen von Königen und Königinnen heute, Papierbogen, Scheren, Klebstoff*
Die Bilder und Schlagzeilen werden ausgeschnitten und in einer selbst gewählten Form auf den großen Bogen Papier gelegt, sodass ein Gesamtbild entsteht. Anschließend das Bild miteinander ansehen und es mit den Vorstellungen vergleichen, die die Gruppe von Königen hat.

## Das Volk Israel verlangt einen König

Miteinander die Textstelle 1 Sam 8,1–22 lesen. Dann die Rollen und Aufgaben des Königs in Israel herausarbeiten. Welche Vor- und Nachteile bringt es für das Volk Israel, einen König zu haben?
Was sind die Aufgaben des Königs? Warum könnte Israel auch auf einen König verzichten?

**Psalmmelodie: Der König der Herrlichkeit**
Den Psalm 24 mehrmals hintereinander laut vorlesen, evtl. auch im Wechsel gemeinsam lesen.
Die Verse 7–10 noch einmal mehrmals lesen, jede/r für sich, und sie auswendig lernen.
Dann geht jede/r alleine spazieren und beginnt, die Verse 7–10 vor sich hin zu singen.
Wenn jede/r seine/ihre Melodie hat, kehrt er/sie in den Raum zurück und versucht, die Verse vorzusingen.

# A 49 Vom König, der Gott sehen wollte

Das Arbeitsblatt A 49 erzählt die Geschichte vom König, der Gott sehen wollte und lernen muss, dass Gott größer ist als alles, was er sich vorstellen konnte, auch größer als er selbst.

### Spiel zur Geschichte
Die Geschichte kann als kleines Theaterstück gespielt werden.
Dazu verkleiden sich alle mit bunten Tüchern, auch das Licht der Sonne kann mit gelben Tüchern, die hochgehalten werden, gespielt werden. Die wörtliche Rede wird gesprochen, die Kulissen mit Tüchern und einfachen Gegenständen improvisiert.

### Bildreihe zur Geschichte
Die Geschichte wird vorgelesen. Dann werden die drei Bilder, die der Hirte braucht, um dem König Gott zu zeigen, noch einmal benannt.
Jeder überlegt nun für sich, wie er diese drei Szenen in je ein Bild umsetzen kann.
Die fertigen Bilder werden vorgestellt und miteinander ein Gespräch über die eigenen Gottesbilder geführt.
Wie können wir Gott sehen?
Was finden wir bedeutend und was nicht?

### Bilder von Gott
*Material: Viele Fotos in DIN A4-Format*
Die Fotos liegen in der Mitte des Teilnehmerkreises ausgebreitet. Es sind Fotos von allen erdenklichen Personen, Dingen, Naturereignissen, Situationen. Zu leiser Musik gehen die Kinder im Raum umher und sehen sich die Bilder an. Wer das Bild gefunden hat, das seiner/ihrer Vorstellung von Gott am nächsten kommt, nimmt es an sich und setzt sich wieder.
Wenn alle ein Bild ausgewählt haben, wird die Musik gestoppt und die Kinder stellen sich gegenseitig ihr Bild von Gott vor.
Vorher sollte man darauf aufmerksam machen, dass es möglich ist, dass mehrere Personen das gleiche Bild nehmen möchten. Dann setzen sich die anderen ohne Bild wieder. Aber zuerst sollten alle Bilder lange genug betrachtet werden können.

# A 50 Das Königtum Jesu

Das Arbeitsblatt A 50 stellt Jesus als einen König dar, der ganz anders ist, als man sich einen König vorstellt. Seine Krone ist die Dornenkrone. Die Kinder sollen im Gespräch die Unterschiede zwischen dieser Dornenkrone und der Königskrone herausarbeiten.

### Gestaltung: Jesus – der König
*Alle sitzen im Kreis. In der Mitte liegt ein rotes Tuch.*
*L spricht:*
Ein rotes Tuch ist in unserer Mitte ausgebreitet.
Rot, so sagen die Menschen, bedeutet Liebe.
Sie schenken sich rote Rosen und sagen damit:
Ich habe dich lieb.
Sie malen rote Herzen und meinen damit:
Ich habe dich lieb.
Rot ist aber auch die Farbe des Blutes.
Das Blut ist Leben.
Es fließt durch unsere Adern.
Wenn du dir weh getan hast und es blutet,
dann siehst du: Blut ist rot.
Das Blut ist unser Lebenssaft.
Aber wenn wir es sehen, denken wir:
Das tut weh.

*L legt ein Holzkreuz ohne Korpus auf das rote Tuch.*

Ein Kreuz liegt auf dem roten Tuch.
Das Kreuz erinnert uns an Jesus.
Es sagt uns: Jesus hat uns sehr lieb gehabt.
Er hat uns so sehr lieb gehabt,
dass er uns sein Leben schenkte.
Er ist gestorben am Kreuz.
Aber er hat gesagt:
Vergesst nicht, ich habe euch lieb.
Ich bleibe nicht im Grab.
Ich gehe zu Gott, meinem Vater.
Wenn ich das getan habe,
dann könnt auch ihr dahin kommen,
selbst wenn ihr tot seid.

*L legt eine Krone aus Goldpapier zum Kreuz.*

Wir sehen eine Krone.
Jesus sagt: Ich bin ein König.
Die Menschen haben ihn ausgelacht.
Aber Jesus sagt:
Mein Königreich ist bei Gott.
Es ist viel schöner und wunderbarer als alle Königreiche auf dieser Erde.

**Besinnungstext: Königskrone – Dornenkrone**
*In der Mitte liegt ein rotes Tuch. Auf dem Tuch liegen eine Krone aus Goldpapier und eine Dornenkrone aus Stacheldraht. L spricht:*

Wir sehen auf dem Tuch in der Mitte zwei Kronen liegen.
Die eine sieht so aus, wie wir uns eine Königskrone vorstellen. Sie glänzt golden.
Sie erinnert an Reichtum und Pracht.
Sie erinnert an einen prächtigen Königspalast.
Sie erinnert an Macht.
Vielleicht könnt ihr noch mehr sagen, woran euch diese Krone erinnert!

*Die Kinder haben die Möglichkeit, eigene Assoziationen zur goldenen Krone zu benennen.*

Daneben liegt auch eine andere Krone.
Sie ist aus Stacheldraht.
Wir stellen uns vor, wir müssten diese Krone auf den Kopf setzen.
Wir spüren die Schmerzen, wenn die Stacheln auf unsere Haut drücken.

4

Eine Krone aus Dornen hat Jesus getragen.
Die Soldaten haben sie ihm auf den Kopf gesetzt.
Sie haben Jesus verspottet.
»Du willst ein König sein? Hier hast du deine Krone!«,
haben sie gesagt.
Pilatus sieht Jesus.
Er fragt sich:
Wie kann dieser gequälte Mann ein König sein?
Er fragt Jesus: Bist du ein König?
Jesus antwortet: Ja, ich bin ein König.
Aber mein Königreich ist nicht in dieser Welt.
Mein Königreich, größer und kostbarer als alle Königreiche der Welt, ist bei Gott.

## Kronen basteln
Die Kinder basteln kleine Kronen aus Goldpapier und kleine Kronen aus Stacheldraht.
Sie legen ihre kleinen Kronen zu den großen Kronen in der Mitte.
Jedes Kind, das eine goldene Krone in die Mitte legt, formuliert einen Dank für etwas, das unser Leben hell und froh macht. Wenn es eine Stacheldrahtkrone hinlegt, formuliert es eine Bitte für etwas, das schlecht oder unrecht in unserer Welt ist.
Nach jedem Dank bzw. nach jeder Bitte einen entsprechenden Liedruf singen.

## Das königliche Hochzeitsmahl
Vorschläge hierzu finden sich in Arbeitsblatt A 45 in »Symbolkreis Brot – Wein – Fest«.

## Einzug in Jerusalem
Zu diesem Thema siehe »Kommt und seht. Werkbuch zur Kommunion- und Beichtvorbereitung«, S. 62/63.

# A 51 Claudio, der Clown

Das Arbeitsblatt A 51 stellt den Clown als Figur in Bild und Lied vor. Die Kinder können den Clown bunt malen oder ihn nach dieser Vorlage aus Tonpapier bunt gestalten.

## Brainstorming: Clown
Die Mitte ist gestaltet mit dem Foto eines Clowns, das auf einem großen Papierbogen liegt. Die Kinder werden aufgefordert, zu dem Clown spontan das aufzuschreiben, was ihnen einfällt.

## Clown sein
*Material: Clownschminke, zu große und zu weite Kleidung aus der Klamottenkiste, diverse Gegenstände*
Gegenseitig schminken sich alle als Clown. Aus der Klamottenkiste sucht sich jede/r Kleidung zusammen, die viel zu groß ist. Je 2 bis 3 Personen tun sich zusammen und denken sich eine Clownnummer mit irgendeinem Gegenstand oder Instrument aus, die sie dann vorstellen.

## Zirkusbesuch
Miteinander einen Zirkus besuchen, besonders auf die Clownnummern achten, evtl. hinterher mit dem Clown ein Interview führen über seinen Beruf. Vorher die Fragen überlegen.

## Stilleübung: Clown
*Die TN sitzen im Kreis, in der Mitte liegt das Bild eines Clowns. L spricht:*

In der Mitte sehen wir das Bild eines Clowns.
Wir schauen es an und schließen dann die Augen.
Wir versuchen uns zu erinnern.
Wir sehen die Clowns vor uns, die wir selbst schon erlebt haben.
Wir sehen die Clowns, die durch ihr Ungeschick die Menschen zum Lachen bringen.
Wir sehen diese Clowns, die trotz ihres Ungeschicks das Leben zu genießen scheinen.
Wir sehen die Clowns,
wir schauen ihnen ins Gesicht
und entdecken in ihren Augen eine unendliche Traurigkeit.
Vielleicht sehen wir in ihnen alle unerfüllte Sehnsucht nach Liebe,
nach Glück, nach Geborgenheit.
Vielleicht sehen wir in ihnen unser eigenes Gesicht.

*Musik einspielen zum Nachdenken. Es kann sich dann nach einer Weile das Lied »Claudio, der Clown« anschließen.*

# A 52 Clownsgesicht

Das Arbeitsblatt A 52 stellt ein Clownsgesicht dar, das etwas vergrößert als Vorlage für eine Clownmaske dienen kann.
Die Geschichte macht noch einmal deutlich, dass jeder auf seine Weise, auch als Narr, Gott dienen kann.

## Pantomime zur Geschichte
Diese Geschichte als Pantomime spielen, ohne dass sie vorgelesen wird. Die Verkleidung geschieht mit bunten Tüchern. Zunächst ist der Gaukler ganz bunt gekleidet und macht Späße. Dann begegnet er den dunkel gekleideten Mönchen und zieht auch ein dunkles Tuch über. Während die Mönche beten, sieht man ihm seine Unsicherheit an, bis er wegläuft zu einem aufgestellten Kreuz, das dunkle Gewand abstreift und vor dem Kreuz tanzt.
Zur Pantomime kann man auch Klangbilder entwerfen oder vom Band Musik einspielen (z. B. fröhliche Tanzlieder und gregorianischen Choral als Gegensatz).
Jede/r kann für sich überlegen, wie sie/er am besten Gott loben kann.

# Quellennachweis

7 aus: Else Schwenk-Anger, Tao, der kleine Rabe, ESA-Verlag Alpirsbach, 6. Aufl. 1994

10 aus: Katech. Spielmappe, © Verlag Ernst Kaufmann, Lahr

11 aus: Günther Weber, Wie wir Menschen leben 3, © Verlag Herder, Freiburg, 8. Auflage 1997

13 aus: Peter Spangenberg, Na gut ... sagte der Bär. Fabelhafte Weisheiten, © Agentur des Rauhen Hauses Hamburg, Norderstedt 1996

14 aus: Khalil Gibran, Der Narr. Lebensweisheiten in Parabeln, Walter Verlag, Olten/Freiburg i.Br. 1981

18 aus: Elfriede Pausewang, Die Unzertrennlichen. Neue Fingerspiele 2, Don Bosco Verlag, München, 23. Auflage 1994; Lied: © Wolfgang Longardt

19 aus: Teresa Berger, Tanzt vor dem Herrn, lobt seinen Namen, Matthias-Grünewald-Verlag, Mainz 1985; Lied aus: Zu allen Zeiten, © KONTAKTE Musikverlag, 59557 Lippstadt

20 aus: Erzählbuch zum Glauben 4, © Verlag Ernst Kaufmann, Lahr

21 aus: Gerhard Kiefel, Du, G. Kiefel Verlag Wuppertal; Lied aus: Heute leuchten alle Sterne, © Menschenkinder Verlag u. Vertrieb GmbH, Münster

22: Text I aus: Erzählbuch zum Glauben 2, © Verlag Ernst Kaufmann, Lahr 1983; Text II aus: Hans und Marie Th. Kuhn-Schädler, Vergiss das Träumen nicht, © Rex-Verlag, Luzern 1992; Lied: © Arndt Büssing; Bild: © Sieger Köder, Das Mahl mit den Sündern

23: © KiMu Kinder Musik Verlag GmbH, 45219 Essen

24: Walter Habdank, In Gottes Hand, © VG Bild-Kunst, Bonn 2005

25: © Brunnen-Verlag, Gießen

28: Fußwaschung. Evangeliar Otto III., Reichenau ca. 990, Aachen, Domschatz

30: Lied: © ABAKUS Musik Barbara Fietz, 35753 Greifenstein; Bild: Josef Reding, © VG Bild-Kunst, Bonn 2005

32: Text I aus: Käthe Recheis/Friedl Hofbauer, 99 Minutenmärchen, © Verlag Kerle, Wien 15. Aufl. 1995; Text II aus: Ernst Hofmann, Unser jenseitiger Leib, © Johannes Verlag, Leutesdorf 4. Aufl. 1992

33: Text I aus: Christine Busta, Die Sternenmühle, © Otto Müller Verlag, Salzburg, 8. Aufl. 2004; Text II aus: Frederik Hetmann, Wildwest Show, © Beltz Verlag (Programm Beltz & Gelberg), Weinheim und Basel 1973; Lied aus: Wolfgang Longardt, Spielbuch Religion 1, © Verlag Ernst Kaufmann, Lahr

34 aus: Michael Ende, Momo, © by K. Thienemanns Verlag Stuttgart-Wien-Bern; Bild: Toni Zenz, Der Hörende (1952), Pax Christi-Kirche, Essen-Billebrinkhöhe

39 aus: Antoine de Saint-Exupery, Der Kleine Prinz, © 1950 und 1998 Karl Rauch Verlag, Düsseldorf

40: © Michael Hermes

41 nach: Gianni Rodari, Gutenachtgeschichten am Telefon, © K. Thienemanns Verlag, Stuttgart 1964

43: Walter Habdank, Heilige Familie, © VG Bild-Kunst, Bonn 2005

44 aus: Detlev Block, Gut, daß du da bist, © Christliches Verlagshaus, Stuttgart 7. Aufl. 1995; Lied: © Menschenkinder Verlag u. Vertrieb GmbH, Münster

47: Text I: © Heinz Vonhoff; Text II aus: Vorlesebuch Religion 3, © Verlag Ernst Kaufmann, Lahr; Text III aus:

Josef Guggenmos, Was denkt die Maus am Donnerstag?, © Beltz & Gelberg, Weinheim und Basel

48 aus: Zu allen Zeiten, © KONTAKTE Musikverlag, 59557 Lippstadt

51: © Kurt Hock

52: Bild aus: Josef Bill, Begegnung in Bild und Meditation, Verlag Katholisches Bibelwerk, Stuttgart, 5. Aufl. 1997, Rechte unbekannt

53: © Sieger Köder, Ostermorgen am See

57 aus: Spiele, Töne, Spaß und Lieder, © KONTAKTE Musikverlag, 59557 Lippstadt

58 aus: Hubertus Halbfas, Der Sprung in den Brunnen, © Patmos Verlag, Düsseldorf 13. Aufl. 1995

65: © Claus Peter März, Kurt Grahl

79: © Wolfgang Longardt

89: © Berthold Lutz

# Bücher von Elsbeth Bihler im Lahn-Verlag

## Sakramentenvorbereitung:

**Kommt und seht**
Werkbuch zur Kommunion- und Beichtvorbereitung
13., völlig überarbeitete und wesentliche erweiterte
Ausgabe
ISBN 3-7840-3286-9

**Kommt und seht**
Handreichung 1 für Katechetinnen und Katecheten
ISBN 3-7840-3248-6

**Kommt und seht**
Handreichung 2: Elterngespräche – Arbeitsblätter – Spiele
ISBN 3-7840-3249-4

**Du zeigst uns den Weg**
Feier der Versöhnung für Kinder
ISBN 3-7840-3250-8

**Erstkommunion bei Familie Nebenan**
ISBN 3-7840-3273-7

**Taufe bei Familie Nebenan**
ISBN 3-7840-3272-9

**Familie Nebenan und die Feier der Versöhnung**
ISBN 3-7840-3288-5

## Werkbücher für Religionsunterricht und Katechese:

**Symbole des Lebens – Symbole des Glaubens I**
ISBN 3-7840-3099-8

**Symbole des Lebens – Symbole des Glaubens II**
ISBN 3-7840-3108-0

**Symbole des Lebens – Symbole des Glaubens III**
ISBN 3-7840-3109-9

**Symbol „Mensch"**
ISBN 3-7840-3132-3

**Symbole des Lebens – Symbole des Glaubens: Tiere – Blumen**
ISBN 3-7840-3145-5

## Wortgottesdienste mit Kindern:

**Du hast uns eingeladen**
Lesejahr A: ISBN 3-7840-3159-5
Lesejahr B: ISBN 3-7840-3176-5
Lesejahr C: ISBN 3-7840-3188-9

## Mit Kindern beten:

**Leben mit Jesus**
Ein Kindergebetbuch
Illustrationen von Constanza Droop
ISBN 3-7840-3237-0

**Mein Messbuch**
Illustrationen von Constanza Droop
ISBN 3-7840-3258-3

**Jesus ist uns nah**
Illustrationen von Constanza Droop
Bildtextheft
ISBN 3-7840-7327-1

## Arbeitsblätter für die Grundschule:

**Symbolkreis „Licht"**
ISBN 3-7840-3174-9

**Symbolkreis „Weg"**
ISBN 3-7840-3190-0

**Symbolkreis „Baum/Kreuz"**
ISBN 3-7840-3197-8

**Symbolkreis „Himmel und Erde"**
ISBN 3-7840-3221-4

**Symbolkreis „Haus – Stadt – Steine"**
ISBN 3-7840-3262-1

**Symbolkreis „Wüste – Wasser – Boot"**
ISBN 3-7840-3263-X

**Symbolkreis „Brot – Wein – Fest"**
ISBN 3-7840-3331-8

## Sonstiges:

**Wir entdecken unsere Kirche**
Bildtextheft
ISBN 3-7840-7304-2

**Unterwegs im neuen Jahr**
Ein Familienkalender
ISBN 3-7840-3146-6

**Gott – Wer bist du?**
Kindern biblische Gottesbilder vermitteln
ISBN 3-7840-3178-1

**Gott – Wer bist du?**
Bildmappe
ISBN 3-7840-3187-0

Lahn-Verlag · Postfach 1355 · 47613 Kevelaer